Ulrike und Christian Dittmar
Spirituelle Wanderungen

Ulrike und Christian Dittmar

Spirituelle Wanderungen

Modelle und Bausteine für Meditationen unter freiem Himmel

Kreuz

Inhaltsverzeichnis

Wohin es gehen soll

»Bitte nicht schon wieder einen Spaziergang!« Die Tochter ahnt aufkommende Langeweile. Für sie ist eine Wanderung oder ein Spaziergang ein unergründliches Bedürfnis Erwachsener. Nichts ist für sie spannend daran, um des Gehens willen das Haus zu verlassen. Das ändert sich schlagartig, wenn der Weg ein lohnenswertes Ziel hat oder wenn es auf dem Weg Orte gibt, die interessant scheinen, die etwas Neues oder etwas Schönes erwarten lassen, die Spiel und Spaß versprechen: am Bach entlang ..., bei den Kälbchen vorbei ..., den Weg mit den Baumstämmen zum Balancieren ..., auf die Alm ..., zur Seilbahn ... Schon verführt! Los geht's!

Eine Familienszene am Wochenende, endlos wiederholbar, Ursache mancher Streitereien und vielleicht ein kleiner Einblick, wie dieses Buch entstand: Wir machten in unserer Arbeit als Seelsorgerin und Seelsorger die Erfahrung, dass uns gute Gespräche gelangen, wenn wir mit Menschen gemeinsam einen Weg gingen. Wir verließen uns auf diese Erlebnisse und sind heute davon überzeugt, dass der Erfolg dieser Gespräche an der Bewegung, an dem gemeinsamen Gehen lag. Das wurde unsere Arbeitshypothese und wir begannen damit, Patientinnen und Patienten aus den Kliniken zu gemeinsamen Wegen zu »verführen«. Das war nicht annähernd so schwer wie der Start zu einem Sonntagnachmittag-Familien-Spaziergang. Es gibt offensichtlich unter den meisten Erwachsenen ein stilles Einverständnis, dass ein gemeinsamer Spaziergang etwas Gutes ist. Das Lohnenswerte am Gehen scheint uns völlig klar zu sein. Nur können wir es nicht mit einem Satz erklären. Können wir es überhaupt erklären? Wir haben Literatur gewälzt, haben unsere Gehversuche protokolliert, haben uns an Erklärungsversuche gewagt und vor allem haben wir uns immer wieder auf den Weg gemacht. Wir wollten der Verführung des Gehens auf die Spur kommen.

Was bei dieser Spurensuche herauskam? Es waren die lohnenswerten Orte und Stationen am Weg. Wir erwarten sie stillschweigend, benennen sie jedoch nur selten als Grund unseres Wegs. Vielleicht erscheinen uns ein Baum, ein Felsen oder ein Bach zu belanglos, um der Grund für unsere Wege sein zu können. Aber wir nehmen Baum, Felsen und Bach wahr. Sie wirken auf uns und wir nehmen die Eindrücke in uns auf und nehmen sie mit. Oder wir haben einfach nur Spaß an einer Wegstation oder an einem Wegstück, an umgestürzten Bäumen, um darüber zu balancieren, oder an einer Wiese, um mal wieder barfuß zu laufen.

Eine andere Spur waren die Ziele unserer Wege. Hier setzen alle Wanderführer an. »Ich führe dich auf einem schönen Weg von A nach B«, versprechen sie und halten dieses Versprechen meistens auch. Interessanterweise verloren wir die Ziele bei der Planung unserer Wege immer mehr aus den Augen. Um Menschen, Erwachsene wohlgemerkt, zum Gehen zu verführen, reicht in aller Regel schon die Frage: »Machen wir einen kleinen Spaziergang?«

So kamen wir immer wieder beim Gehen selbst an. Was machen wir eigentlich, wenn wir gehen? Es geschieht ganz offensichtlich etwas mit uns, während der tausendfachen Wiederholung einer unserer selbstverständlichsten, alltäglichsten Bewegungen.

»Es tut gut.« – Dieser Satz machte uns neugierig. Beim Gehen scheint sich etwas auf der Schwelle zwischen Leib und Seele abzuspielen.

Für uns als Seelsorger, die wir gewohnt sind, wie unsere Berufsbezeichnung es schon sagt, mit seelischen, geistigen und geistlichen Dingen zu tun zu bekommen, tat sich ein neuer Blick auf: Wir hatten bisher schon viel von ganzheitlichem Leben und Erleben gelernt. Jetzt erlebten wir, dass unsere Körper, unsere Bewegungsmöglichkeiten und unsere Seele noch viel enger verknüpft sind, sich gegenseitig viel stärker beeinflussen, als wir das erwartet hatten.

In der theologischen und geistlichen Literatur taucht das Gehen meist als Metapher auf. »Einen Weg gehen« bildet den Lebensweg ab, den wir »gehen«. Pilger gehen ihre Wege »zu Gott«, auf Kreuzwegen geht man an den Stationen des Leidensweges Jesu entlang. Das Gehen selbst wird dabei kaum einmal thematisiert.

So führte uns unsere Spurensuche zu den Bewegungsfachleuten, zu Sportwissenschaftlern, Physiotherapeuten und Medizinern. Ihre Antworten und Studien zur Frage »Was ist Gehen?« setzen beim Körper und seiner Bewegung an. Sie betrachten damit das Gehen aus einer Perspektive, die wir als Theologen traditionell außen vor lassen.

In diesem Buch suchen wir nach Brücken, nach den Verbindungen von körperlichem Gehen mit unserer Psyche, nach den Rhythmen, die Bewegungen des Leibes mit der Bewegung der Seele beschreiben können.

Immer wieder weisen wir an den Wanderstationen in diesem Buch auf körperliche Phänomene hin, die man beim Gehen beobachten kann. Diese Beobachtungen an uns selbst sind oft verbunden mit einer Begegnung, mit »etwas« am Weg. Mit einem biblischen Vers, einer Geschichte oder einem Psalm schlagen wir den Bogen von der »Beobachtung am Weg« zu der Tradition, in der wir uns erleben. Zeit und Raum bekommen so ihre Bedeutung. Es gingen schon vor uns Menschen ihre Wege, sie gingen vielleicht zu den selben Orten wie wir. Sie nahmen vielleicht die selben Texte unserer Tradition mit auf ihren Weg.

Unsere Annäherungen an das, was beim Gehen eigentlich passiert, nehmen wir auf unsere eigenen Wander- und Spazierwege immer wieder mit. Wir erproben unsere Entdeckungen zusammen mit den Menschen, die mit uns unterwegs sind. Auf unseren Wegen machen wir ab und zu Halt und bieten unseren MitgeherInnen Wanderstationen an.

So sind die Wegstationen dieses Buches beim Gehen entstanden. Sie sollen zum Gehen verführen, denn – und soviel sei hier vorweggenommen – das Gehen selbst ist ein spirituelles Unternehmen.

Vorbereitung der Wanderungen

Erwartungen

»Was soll ich mir denn unter einer spirituellen Wanderung vorstellen?«, werden wir oft gefragt. Die Antwort darauf ist nicht so einfach, wie es scheint.

Spirituelle Wanderungen, so wie wir sie in diesem Buch zusammengestellt haben, beziehen immer drei Bereiche aufeinander: Raum und Zeit und den Moment des Erlebens, der im Menschen stattfindet: Da sind die Menschen, mit denen wir eine Wanderung unternehmen wollen, da ist der Weg mit allen seinen Merkmalen und da ist unsere christliche Tradition, die wir bewusst mit auf den Weg nehmen. Diese drei Bereiche finden sich in den Titeln wieder, die wir den Wandervorschlägen gegeben haben. Ein Beispiel:

- *»Zu den Quellen« ist eine Wegangabe zu einem Ort, zu einer ganz bestimmten Landschaftsform.*
- *»Zu den Quellen« ist in unserer Tradition eine Metapher für den Aufbruch zu Ressourcen, die wir zum Leben brauchen.*
- *»Zu den Quellen« sagt etwas aus über uns und die Menschen, die wir mit dieser Wanderung ansprechen wollen.*

Doch was genau sagt der Titel »Zu den Quellen«? Sagt er über uns, die Veranstalter der Wanderung, dass wir etwas von »Quellen« wissen, das wir anderen weitersagen und zei-

gen können? Oder sagt »Zu den Quellen«, dass sich zu dieser Wanderung Menschen zusammenfinden werden, die sich (geistliche?) Stärkung erwarten? Oder werden sich Wanderer treffen, die an eine ganz reale Quelle geführt werden wollen?

Wer auf einer Wander-Ankündigung das Thema »Zu den Quellen« liest, wird in jedem Fall erwarten, dass der Weg ans Wasser führt, vielleicht sogar an die Quelle eines Baches oder Flusses. Die biblische Tradition verwendet das Bild der Quelle für etwas, was wir vielleicht »geistliche Stärkung« nennen können. Der äußere Rahmen, in dem wir unsere Wanderung anbieten, gibt den Titel »Zu den Quellen« für Assoziationen frei. In einem Hotel wird die Ankündigung »Zu den Quellen – spirituelle Wanderung« zunächst auf einen Weg zu einem sehenswerten, landschaftlich interessanten, stillen Ort schließen lassen. Wer dagegen an einer Kirche diese Wander-Ankündigung findet, verbindet vielleicht den Ort »Kirche« mit den Worten der Ankündigung »Quelle« und »spirituell« und erwartet in irgendeiner Form eine »geistliche« Veranstaltung.

Als Kirchen-Insider übersehen wir leicht, dass die Metaphern und Bilder, die uns vertraut sind, beispielsweise »Weg – Ich bin der Weg – Jesus«, längst nicht Allgemeingut sind. Wir müssen also davon ausgehen, dass allein der Titel »Kreuzwege – eine spirituelle Wanderung« nicht ausreicht, um deutlich zu machen, dass es sich um eine kirchliche Veranstaltung handeln wird.

Für Mitglieder einer Kirchengemeinde ist in groben Zügen klar, was passieren wird, wenn sie zu einer Wanderung mit dem Titel »Kreuzwege – eine spirituelle Wanderung« aufbrechen. In einer orthopädischen Reha-Klinik weckt der Titel möglicherweise Assoziationen an die schmerzende Wirbelsäule.

Im Wort »spirituell« aus dem Titel stecken noch einmal ganz eigene Erwartungen. Welche Erwartungen hatten Sie, als Sie dieses Buch gekauft haben? »Spirituelle Wanderungen«. Ruhige Wanderungen? Besinnliche Texte zum Mitnehmen? Spirituelle Übungen? Etwas ganz anderes? Haben Sie an Körperübungen gedacht? An Spiele? An Essen und Trinken? An Barfußlaufen?

Wir haben das Wort »spirituell« bewusst mit dem Wort »Wanderungen« verbunden. Aber das Wort »spirituell« wird eine ganz bestimmte Gruppe Menschen ansprechen. Menschen, die ähnliche Interessen haben wie Sie selbst, können darunter sein. Wahrscheinlich sehr wenig Jugendliche und ziemlich sicher keine Kinder. Sind spirituelle Wanderungen also eine Erwachsenen-Veranstaltung? Muss das so sein? Haben Kinder keine Spiritualität? Oder machen Kinder das nur ganz anders? Beim Barfußlaufen zum Beispiel oder beim Spielen mit buntem Laub?

Werden Menschen mitwandern, denen bürgerliche Bildungsideale fremd sind? Wir denken, dass das eher nicht geschehen wird. Wir bewegen uns mit unseren »Spirituellen Wanderungen« also auf sicherem, bildungsbürgerlichem Boden. Gutwillig mitgehende TeilnehmerInnen sind uns sicher – Störungen sind also nicht zu erwarten. Das Wort wirkt! Spirituell!

Das fiel uns beim Schreiben und manchmal auch bei unseren Wanderungen auf und gefiel uns nicht. Darum gibt es Wanderstationen, die man gut mit Familien bzw. mit Kindern durchführen kann.

Vielleicht ist die Erwartung beim Wort »spirituell« zu geprägt, zu eng und taugt nur für die Einladung bestimmter Kreise von Menschen (z.B. die Zielgruppe der kirchlichen Erwachsenenbildung, PatientInnen in einer Klinik). Ansonsten ist »spirituell« ein Arbeitstitel für uns, den wir in der aktuellen Ankündigung besser weglassen und stattdessen schreiben: »Wanderung zum Thema Kreuzwege«.

Die Auswahl einer Wanderung

Spirituelle Wanderungen, so wie wir sie in diesem Buch zusammengestellt haben, beziehen, wie oben am Beispiel »Zu den Quellen« bereits beschrieben, immer drei Bereiche aufeinander: Da sind die Menschen, mit denen wir eine Wanderung unternehmen, da ist der Weg mit seinen Besonderheiten und da ist unsere christliche Tradition, die wir mit auf den Weg nehmen.

Wir wollen etwas er-leben, er-spüren, er-gehen. Es wird also auf unseren Wanderungen wichtig sein, wie wir die gemeinsame Zeit leben, was es zu spüren gibt, wo wir gehen können. Unser Anliegen ist es, Gedanken und Texte unserer Tradition nicht nur zu hören. Sie sind das Medium, das uns mit Raum und Zeit um uns herum verbindet. Solche Verbindungen wollen wir ermöglichen. Das soll nicht abstrakt geschehen, sondern mit möglichst vielen Berührungspunkten. Diese Berührungspunkte entstehen erst unterwegs. Wir müssen losgehen, um Erfahrungen zu machen. Die Möglichkeiten für Berührungspunkte, für Orte und Situationen, die uns auf unserem Weg berühren, können wir in unsere Wander-Planung jedoch schon einmal einbringen. Wir finden sie in den berühmten W-Fragen: Wer geht wann, warum, wohin? In Form einer Checkliste ist das am einfachsten:

Wer geht?

Um Überraschungen oder eine Überlastung der TeilnehmerInnen zu vermeiden, müssen wir einen Weg wählen, den alle ohne große Anstrengung gehen können.

- *Was weiß ich von den TeilnehmerInnen?*
- *Kenne ich die Gruppe, die sich die Wanderung vorgenommen hat?*
- *Kenne ich die Möglichkeiten aller einzelnen TeilnehmerInnen?*

Wenn ich die Gruppe nicht kenne ...

- *Kennt sich die Gruppe untereinander? (z.B. Gruppe aus der Gemeinde)*
- *Kann ich etwas über die TeilnehmerInnen sagen? (z.B. Kurgäste, ähnliches Alter, KlinikpatientInnen, Mitglieder eines Gemeindekreises)*
- *Ich hole mir möglichst viele Informationen über die TeilnehmerInnen.*

Wann gehen wir?

- *Ist es Sommer oder Winter, Frühjahr oder Herbst?*
- *Ist der Weg, den ich plane, überhaupt begehbar zu dieser Zeit, mit dieser Gruppe?*
- *Gehen wir am Vormittag oder Nachmittag los?*
- *Ist unser Weg dann vorwiegend in der Sonne?*
- *Was haben die TeilnehmerInnen nach der Wanderung noch vor?*
- *Haben sie zum Beispiel noch Anwendungen bei einem Kur-Aufenthalt oder haben Urlauber, die auf unserer Wanderung mitgehen, vielleicht ein Mittag- oder Abendessen gebucht?*
- *Ist die »spirituelle Wanderung« zum Beispiel Teil eines Gemeindeausflugs?*
- *Wie viel Zeit plane ich für die Wanderung insgesamt ein? Was gebe ich als ungefähre Rückkunftzeit an?*

Warum gehen wir?

Es ist die Frage nach der Motivation jedes und jeder einzelnen TeilnehmerIn für die Wanderung.

Für die Möglichkeiten, die TeilnehmerInnen mitbringen, ist die Frage nach der Motivation mit entscheidend.

Diese Frage ist auch schon im Kapitel »Erwartungen« angesprochen: Es ist die Frage nach der Gewichtung, mit der mögliche TeilnehmerInnen unsere Ankündigung sehen oder hören:

- *Liegt die Betonung mehr auf »Wanderung« oder mehr auf »spirituell«?*
- *Ist der Rahmen klar, in dem die Wanderung stattfinden wird? Ist die Wanderung zum Beispiel eine Kirchenveranstaltung oder Teil des Reha-Programms einer Klinik? Ist die Teilnahme nach ärztlicher Untersuchung freigestellt bzw. empfohlen oder handelt es sich um eigenverantwortliche Teilnahme? Handelt es sich um eine »offene Ausschreibung« oder um die »Buchung« einer festen Gruppe?*
- *Kann ich die möglichen Erwartungen der TeilnehmerInnen eingrenzen?*

Wohin gehen wir?

Kann ich meine Weg-Auswahl nun mit den Erwartungen und Möglichkeiten der TeilnehmerInnen und den Möglichkeiten, die uns die verschiedenen Wege bieten, in Einklang bringen?

Die Ankündigung

In die Einladung zur Wanderung gehören Titel, Thema und Treffpunkt genauso wie Weglänge und Dauer der Wanderung. Mit einer knappen Beschreibung des Wegs geben wir den möglichen TeilnehmerInnen die Chance, ihre eigenen Möglichkeiten einzuschätzen. Steile Wegabschnitte oder schmale Pfade können hier erwähnt werden. Eine Beschreibung der Wegbeschaffenheit oder des Wegverlaufs ist eindeutiger als allgemeine Hinweise wie »Verlangt etwas Ausdauer« oder »Trittsicherheit nötig«. Wer die Teilnahme an einer Wanderung plant, kann leichter einschätzen, ob er sich einen Weg »auf und ab, über die Hügel …« zumuten will, als eine Aussage über die eigene Ausdauer zu machen. Was heißt schon: »Verlangt etwas Ausdauer« und an wem wird diese Ausdauer gemessen? An der einheimischen Wanderführerin, die jede Woche solche Wege geht?

Gerade wo wir mit unbekannten TeilnehmerInnen rechnen oder im Urlauber- und Kurbereich arbeiten, geht genaue Information vor Überraschungen. Für Herz-Kreislauf-PatientInnen oder mit älteren Gästen kann ein Weg ins Blaue ein Weg mit schmerzlichen Überraschungen werden. Ein steiler Anstieg, der nur 200 Meter lang ist, kann dann das Ende der Wanderung sein – und dann für alle!

Wenn wir ein Picknick planen, zu dem jede und jeder etwas beisteuern soll, müssen wir auch das ankündigen. Wenn wir eine Einkehr in ein Gasthaus nicht ausschließen möchten, gehört mindestens das Stichwort »Einkehrmöglichkeit« mit ins Programm. Wo auf dem Weg eine Besichtigung möglich ist, muss die Höhe des Eintrittspreises erwähnt werden, oder wir verlangen einen Unkostenbeitrag für die Wanderung, von dem wir den Eintritt bezahlen.

Ein Beispiel:

Sie wählen die Wanderung »Zu den Quellen«.

Für die Stationen »Alleinsein«, »Gemeinsam Essen« und »Eis, Licht und Landschaft« planen wir viel Zeit ein. Für die Ankündigung rechnen wir nach folgender Formel die Dauer der Wanderung aus:

Dauer der Wanderung = Gehzeit (3-4 km/Stunde) + Zeit für Wegstationen (hier: 1 Stunde: »Eis, Licht und Landschaft«: 20 Minuten, »Alleinsein«: 5 Minuten, »Gemeinsam Essen«: 20 Minuten, »andere Stationen zusammen«: 15 Minuten).

Wir wollen die Station »Eis, Licht und Landschaft« mit in die Wanderung aufnehmen – wir planen also eine Wanderung im Winter. Ob da die Station »Gemeinsam Essen« sinnvoll ist? An welchem Ort findet sie statt? Mehr als 20 Minuten sind dafür im Winter kaum sinnvoll. – Es waren aber sehr schöne Erlebnisse, bei 10 Grad Frost und Schneesturm draußen etwas Heißes zu trinken. Im Sommer können wir dagegen ein großes Picknick aus dieser Station machen.

In die Ankündigung unserer Wanderung gehören solche Details unbedingt mit hinein. Zum Beispiel kann die Ankündigung für die Wanderung »Zu den Quellen« dann so lauten:

Die ____ Kirchengemeinde ___________ lädt Sie zu einer Winterwanderung ein:

»Zu den Quellen des Lebens«

Eine spirituelle Wanderung

Wandertreff: Dienstag ___________, _____ Uhr, an der ________ Kirche

Gehzeit: ca. 2 Stunden

Unser Weg führt uns aus dem Ort hinaus, immer am ____-Bach entlang.
Ohne nennenswerte Steigungen sind wir etwa 4 Kilometer unterwegs.
Um uns auf unserem Winterweg aufwärmen zu können, ist es gut, eine Thermosflasche mit heißem Tee mitzunehmen.

Weitere Informationen bekommen Sie bei Frau ________, Tel: ________

Eine Anmeldung ist nicht erforderlich.
Bitte unbedingt feste Schuhe anziehen.

Ausrüstung

Schuhe

Ein Hinweis auf »festes Schuhwerk« ist unbedingt nötig. Dabei ist der Begriff natürlich relativ: Festes Schuhwerk im Gebirge und Mittelgebirge wird nach Möglichkeit knöchelhoch sein. Auf ebenen und breiten Wegen werden auch Sport- und Halbschuhe möglich sein. Aber zwei Stunden ungewohnterweise in Sandalen oder Pumps zu wandern, kann auch ein unvergessliches Erlebnis für alle TeilnehmerInnen werden. Eine dezente Nachfrage, »Gehen Sie sonst auch zwei Stunden in diesen Schuhen?«, ist allemal besser als ein Abbruch der Wanderung.

Wanderstöcke

Seit einigen Jahren ist es üblich geworden, mit Wanderstöcken unterwegs zu sein. In verschiedenen Studien wurde der sinnvolle Einsatz dieser Teleskopstöcke nachgewiesen: Bis zu 30 % Entlastung bringt die richtige Verwendung von Wanderstöcken z.B. den Knien.

Allerdings sind Wanderstöcke eine relativ hohe Investition. Unter € 30,– ist ein einzelner (!) Teleskopstock kaum zu erwerben und € 50,– ist ein mittlerer (!) Preis. Bedenken Sie, dass Sie für ein Paar Wanderstöcke auch ein Paar gute Schuhe kaufen können. In einem Kurhaus stand im Foyer ein großer Schirmständer voller einfacher, alter Skistöcke und wir sind gut mit denen ausgekommen. Man konnte die Länge dieser Stöcke nicht verstellen. Darum haben wir vor der Wanderung die Stöcke mit der richtigen Länge herausgesucht. Da der größte Nutzen der Stöcke im Bergabgehen liegt, haben wir Stöcke ausgewählt, die unter dem vorgesehenen Griff am Rohr gegriffen wurden, wenn Oberarm und Unterarm im 90-Grad-Winkel angewinkelt waren. Der Stock steht dazu senkrecht auf dem Boden. Das ergibt eine mittlere Stocklänge, die für unsere Zwecke völlig ausrei-

chend ist.[1] *Sinnvoll ist eher ein etwas längerer als ein zu kurzer Stock.*

Erste Hilfe

Ein Verbandskasten gehört in den Rucksack des Begleiters auch einer spirituellen Wanderung. Wir haben immer einen Kfz-Verbandskasten dabei, den wir um folgenden Inhalt erweitert haben:

- *Spezielle Blasenpflaster und eine Nadel, mit der man eventuell eine Blase auch aufstechen kann (dann aber auch desinfizieren!).*
- *Salbe oder Gel zur Behandlung von Insektenstichen*
- *Gewöhnliche Pflaster*
- *Selbstklebender, nichtelastischer Stützverband (Tape)*
- *Desinfektionsmittel zur Behandlung kleiner, offener Wunden.*

Gerade Stationen wie »Barfußlaufen« bergen die Gefahr kleiner Verletzungen am Fuß, bei »Balanceübungen« können Teilnehmer mit dem Fuß umknicken ...

Ein Handy haben wir immer (ausgeschaltet) dabei, um gegebenenfalls schnell Hilfe holen zu können.

Während der Verbandskasten bei kleinen akuten Verletzungen zum Einsatz kommt, die meist durch das Gehen selbst entstehen, ist es gerade bei Wanderungen im klinischen Bereich notwendig, dass TeilnehmerInnen / PatientInnen die Teilnahme an einer Wanderung mit dem behandelnden Arzt absprechen.

1 Im Raum unserer Kirchen sollten wir kritisch sein mit den Versprechen einer Freizeit- und Ausrüstungsindustrie. Gerade das Wandern ist eine Freizeit- und Sportmöglichkeit, die ohne große Investitionen auskommt. Selbst dort, wo wir für uns privat Touren in extremem Gelände gehen, halten wir teure Teleskopstöcke zwar für praktisch, weil sie leicht zu transportieren sind, aber sie sind nicht notwendig, auch hier tut es ein Skistock.

Abbruch der Wanderung

Wir können es als Veranstalter nicht verantworten, jemanden allein auf einer Bank sitzen zu lassen. Auch wenn noch so vehement gekeucht wird: »Geht weiter, ich warte hier!«

Wenn wir in eine solche Situation kommen, machen wir eine Pause mit der ganzen Gruppe, trinken etwas und planen dann, wie es weitergehen kann. Denken Sie daran: Nur Sie kennen den Weg, die TeilnehmerInnen einer Wanderung kennen ihn meist nicht. So können auch nur Sie entscheiden, ob es sinnvoll ist, nach einer längeren Pause weiterzugehen oder umzukehren, oder ob der Zustand des/der TeilnehmerIn ein Weitergehen nicht erlaubt.

Zur Durchführung der Wanderungen

Am Ausgangspunkt der Wanderungen begrüßen wir die TeilnehmerInnen und stellen ganz grob den Weg vor, den wir uns vorgenommen haben (v.a. Steigungen und andere Geländeangaben, Informationen zur aktuellen Wegbeschaffenheit, etwa: »nach dem gestrigen Regen ist es an manchen Stellen matschig«, »auf einigen Abschnitten ist der Weg schottrig«), und geben einen gut bemessenen Rückkehrzeitpunkt an (lieber eine halbe Stunde weniger als angekündigt gehen, als eine halbe Stunde zu spät kommen).

Auch in das Thema des Wegs wird hier kurz eingeführt. Dann ist es aber auch höchste Zeit zu starten. Als Wanderleiter werden Sie merken, wie alle zum Aufbruch drängen und am Ausgangspunkt viel Unruhe herrscht. Nach 10 bis 15 Minuten sieht das dann schon wieder anders aus. Jetzt können alle zuhören oder sind zu einer Übung bereit.

Wichtig scheint es uns, die einzelnen Wegetappen so gut zu kennen, dass man den Wegverlauf bis zur nächsten Station (oder zu einer Wegabzweigung, an der man sich verlaufen könnte) beschreiben kann. Zum Beispiel: »Wir gehen ..., links vom Weg steht eine Bank unter einem einzeln stehenden Baum. Dort treffen wir uns wieder.« So kommt man aus der »Leithammelrolle« heraus und muss nicht immer an der Spitze der Gruppe gehen. Das erleichtert es, auch mit »Schlusslichtern« ins Gespräch zu kommen.

Natürlich warten wir an den Wegstationen, bis alle gut dort angekommen und wieder zu Atem gekommen sind. Dabei lenken wir möglichst nicht die Aufmerksamkeit der Gruppe auf die Letzten, die ankommen. Sätze wie »So, jetzt sind alle da und auch die Letzten können zuhören« sind Relikte aus der Schuldisziplin. Niemand mag fünf- oder sechsmal auf einer Wanderung hören, dass er der Letzte ist. Was mag derjenige denken, wenn er dann gesagt bekommt, dass es gut ist, sein eigenes Gehtempo zu finden?

Körperübungen, auch Atemübungen machen wir mit, wenn wir sie anleiten. Damit schaffen wir für die Übungen die nötige Zeit und Konzentration. Wir müssen uns dann nämlich selbst Zeit lassen. Das setzt voraus, dass wir die Übungen, die wir anleiten wollen, vor der Wanderung kennen und erprobt haben. Körperübungen sind in jeder Form freiwillig! Wir verbessern nicht Bewegungen, die die Teilnehmenden unserer Meinung nach »falsch« machen.

Die Wanderstationen sind ganz unterschiedlich lang. Wir haben für dieses Buch versucht, mit Minutenangaben eine Orientierung zu geben, wie lange man für eine Station einplanen muss. Es widerspräche aber ganz dem Ziel dieser besonderen Wanderungen, wenn Zeitangaben nach dem Motto missverstanden würden: »Jetzt müssen wir 10 Minuten mit den Füßen im Wasser baumeln ...«

In den folgenden Kapiteln sind die Texte, die direkt an die TeilnehmerInnen gerichtet sind, in einer anderen Schrift gesetzt als die erklärenden Zwischentexte.

Winterwanderungen sind von ganz besonderen Eindrücken begleitet. Sie müssen aber auch besonders gut vorbereitet sein. Der Wegzustand muss bekannt sein. Das Gehen selbst kann schwieriger sein, darum neigen wir eher dazu, im Winter die Wanderstationen zu kürzen. Gespräche über die Eindrücke bei einer Station können gut auch auf dem nächsten Wegstück im Gehen stattfinden. Atemübungen bei Frost können unangenehm sein und das sollte in der Anleitung auch gesagt werden.

Am Ende der Wanderungen verabschieden wir uns von der Gruppe mit einem Segen. Dort, wo wir auseinander gehen, haben Segen ihren »liturgischen« Platz. Sie sagen: Auch wenn wir jetzt nicht gemeinsam weitergehen, gehst du nicht alleine.

Bäume – ein Waldweg

Vorbereitung

Bäume bieten sich an als Thema für einen spirituellen Spaziergang, da Bäume als Sinnbilder des Lebens interpretiert werden können.

Im Vorfeld gelten für die Auswahl des Weges unabhängig vom Thema dieselben Voraussetzungen wie für alle derartigen Spaziergänge: Der Weg sollte, zügig gegangen, eine knappe Stunde dauern. Mit den verschiedenen Aufenthalten und einer langsam gehenden Gruppe ist dann für den gesamten Spaziergang ein Zeitraum von etwa zwei Stunden anzusetzen. Ist weniger Zeit vorhanden, müssen die Stationen reduziert werden.

Die Strecke sollte nicht zu öffentlich sein, sondern die Möglichkeit bieten, unbeobachtet seinen eigenen Gedanken nachzuhängen.

Bei Gruppen mit älteren oder gehbehinderten TeilnehmerInnen ist darauf zu achten, dass der Weg dem angemessen ist und eventuell bei den Stationen eine Möglichkeit zum Hinsetzen besteht.

Wenn die Gegebenheiten es erlauben, ist es schön, einen Rundkurs als Wegstrecke zu wählen.

Um während der Spaziergänge nicht immer die Führung ganz vorne übernehmen zu müssen, hat es sich bewährt, eine leicht zu beschreibende Wegstrecke zu wählen, die mit einigen wenigen Anweisungen erklärt werden kann. Das ermöglicht uns, auch einmal im Gespräch mit den »Schlusslichtern« der Gruppe zu bleiben.

Speziell für das Thema »Bäume« ist es wichtig, einen Weg zu suchen mit einem oder mehreren Bäumen am Wasser (z.B. am Fluss, an einer Quelle, am Bach, an einem Teich ...), einem allein stehenden oder deutlich herausragenden Baum, einer Baumgruppe und einem Baumstumpf oder einem umgestürzten Baum (möglich sind auch gefällte Bäume).

Der vorliegende Aufbau erscheint uns stimmig, doch grundsätzlich sind die Stationen auch in anderer Reihenfolge wie hier beschrieben zu verwenden und den Gegebenheiten vor Ort anzupassen.

Eine Baumwanderung ist auch im Winter möglich. Dabei sollten aber die Aufenthalte an den einzelnen Wegstationen nicht zu lang sein. Der Austausch über das Erlebte kann dann in das Weitergehen integriert werden.

Für eine flexible Gruppe, die gerne selbst aktiv werden will, bietet sich ein Exkurs an (hier ausgeführt unter Station 3A), dafür sind weitere 45 Minuten einzuplanen.

5 Minuten **Am Ausgangspunkt**

Am vereinbarten Treffpunkt (Gemeindehaus, Klinik, Parkplatz ...) wird die Gruppe kurz begrüßt und an das Thema herangeführt.

Liebe ...

Zu unserem heutigen spirituellen Spaziergang möchte ich Sie ganz herzlich willkommen heißen.

Ich darf mich kurz vorstellen ... *(wenn nötig).*

Wir gehen heute einen bestimmten Weg miteinander, für mich etwas, was ein Stück unseres Lebens ausmacht: »miteinander unterwegs sein«. Wir gehen diesen Weg als Gemeinschaft *(falls die Gruppe sich nicht kennt, ist hier Gelegenheit für eine Vorstellungsrunde).*

Heute werden wir unser Augenmerk besonders auf Bäume an diesem Weg richten.

An manchen Stellen werde ich mit Ihnen stehenbleiben und mit ein paar Gedanken, einem Bibelwort oder einem Gedicht die Eindrücke noch etwas vertiefen.

Dazwischen gehen wir immer wieder ein ganzes Stück miteinander weiter, sodass die Möglichkeit besteht, auch untereinander ins Gespräch zu kommen.

Die Gruppe geht dann gemeinsam los, das Tempo sollte Gespräche gut zulassen. Um miteinander warm zu werden, hat es sich bewährt, erst einmal 10 bis 15 Minuten zu gehen, bevor die erste Station erreicht wird. 10–15 Minuten

1. Wegstation: Baum / Bäume am Wasser

5 Minuten

Beim Erreichen der ersten Station ist es gut, die Aufmerksamkeit der Teilnehmerinnen kurz auf sich selbst zu lenken.

Wir stehen nun hier und ich möchte Sie einladen, diesem Stehenbleiben einen Moment Aufmerksamkeit zu widmen. Tut es gut nach dem zurückgelegten Weg? Wie finde ich den besten Stand? Brauche ich Halt, möchte ich mich lieber an einem Baum anlehnen? Ist es gut für mich, mich hinzusetzen? Bietet der Boden überhaupt die Möglichkeit, gut zu stehen? Wie geht es mir mit dem Standort, wie geht es mir hier am Bach?

Pause

Dieser Baum hier am Wasser, ich denke, er steht gut. Er hat gute Entwicklungschancen, er hat genug Platz, um sich zu entfalten, er hat einen Wasserlauf neben sich und auch genügend Sonne. In der Bibel wird ein Mensch, der sich auf Gott verlässt, mit einem solchen Baum verglichen.

Beim Propheten Jeremia heißt es:

Gesegnet aber ist der Mann, der sich auf den Herrn verlässt und dessen Zuversicht der Herr ist. Der ist wie ein Baum am Wasser gepflanzt, der seine Wurzeln zum Bach hin streckt. Denn obgleich die Hitze kommt, fürchtet er sich doch nicht, sondern seine Blätter bleiben grün; und er sorgt sich nicht, wenn ein dürres Jahr kommt, sondern bringt ohne Aufhören Früchte.

JEREMIA 17,7-8

Bäume sind oft ein Bild für das Leben und die Entwicklung von Menschen: das langsame Wachstum, die Notwendigkeit von Luft, Licht, Nahrung und Pflege. Ich erinnere mich noch, dass mein Vater bei meiner Konfirmation sagte, nun komme er sich vor wie einer, der den gehüteten Baum ins Freie setzt, um ihn alleine weiterwachsen zu lassen.

Um gut weiterzuwachsen, sind gute Wurzeln eine Grundvoraussetzung. Standfestigkeit und Nahrung sind damit gewährleistet. Mit guten Wurzeln kann ein Baum den Stürmen des Lebens trotzen – und ein Mensch auch!

Und solche guten Wurzeln erwachsen aus einer vertrauten Bindung an Gott. Aus ihm haben wir Wurzeln, um das Leben zu bestehen.

Mir tut dieses Bild sehr gut: die Grundlagen, die Gründung in Gott, der aber auch jedem und jeder die Möglichkeit schenkt, sich ganz individuell zu entwickeln und zu wachsen.

Nach diesen Worten ist es wichtig, Raum zu lassen zum Nachsinnen oder auch für Bemerkungen aus der Gruppe. Um das Gespräch anzuregen, sind die Äußerungen an den Stationen auch bewusst persönlich gehalten. Sie können diese persönlichen Äußerungen für Ihre Situation entsprechend abändern.

Wir machen uns wieder auf den Weg, wir gehen ... *(geben Sie hier ein paar Hinweise zum weiteren Wegverlauf).* Nehmen Sie sich dabei Zeit, das Bild vom Baum am Wasser wirken zu lassen, und wenn Sie wollen, tauschen Sie sich mit Ihrem Nachbarn oder Ihrer Nachbarin aus.

Zwischen der ersten und zweiten Station sollten auch wieder gut 20 bis 30 Minuten Wegstrecke liegen, um das Gespräch zu fördern. Erfahrungsgemäß werden hier behutsame Gesprächsangebote der Gruppenleitung sehr geschätzt. 20–30 Minuten

2. Wegstation: Ein herausragender Baum

5 Minuten

Dieser Baum der zweiten Station kann hervorstechen durch sein Alleinstehen, durch eine besondere Form oder Größe, durch besondere Wurzeln oder Ähnliches.

Dort angekommen wird die Gruppe wieder gebeten, sich einen Platz zum Zuhören zu suchen, der auch das Betrachten des Baumes ermöglicht.

Wir sind hier bei einem ganz besonderen Baum angekommen. Suchen Sie sich bitte einen Platz mit bequemem Stand, wo Sie noch gut hören können, diesen Baum aber auch in aller Ruhe anschauen können.

Es ist ein besonderer Baum *(hier auf die jeweiligen Besonderheiten eingehen).* Nehmen wir uns Zeit, ihn genauer anzusehen:

Im Ganzen: groß, gewaltig, vertrauenerweckend oder bedrohlich? Ehrfurchtgebietend.

Der Stamm: fest und stabil, rissige Borke, manche Narben. Im Inneren, jetzt unsichtbar, die Jahresringe, die das Wachstum anzeigen, die auch zeugen von guten und schlechten Jahren, die dieser Baum erlebt hat.

Oben: das Blätterdach, es raschelt leicht, spendet uns Schatten mit so vielen Blättern, 250.000 Blätter hat beispielsweise eine große Eiche, alle unterschiedlich, jedes ein Kunstwerk für sich *(diese Passage im Winter entsprechend abändern oder weglassen).*

Dazwischen erkennen Sie den einen oder anderen abgestorbenen Ast, eine Krankheit vielleicht, oder ein Weg, eine Entwicklung, die diesem Baum nicht möglich war.

Ein Baum, Sinnbild des Lebens, auch des Lebensweges, den wir als Menschen gehen. Gleichzeitig ist er auch Sinnbild für unseren Lebensraum.

Er bietet Schatten, Rastplatz und Schutz, seine Blätter verwandeln Kohlenmonoxyd in lebensnotwendigen Sauerstoff, er beherbergt viele unterschiedliche Tiere und hier im Wald ist er auch uns ein Stück Zuhause.

Hermann Hesse hat in einem Text Bäume als Heiligtümer bezeichnet:

Bäume sind Heiligtümer. Wer mit ihnen zu sprechen, wer ihnen zuzuhören weiß, der erfährt die Wahrheit. Sie predigen nicht Lehren und Rezepte, sie predigen, um das Einzelne unbekümmert, das Urgesetz des Lebens.

Ein Baum spricht: Meine Kraft ist das Vertrauen. (...) Ich vertraue, dass Gott in mir ist. Ich vertraue, dass meine Aufgabe heilig ist. Aus diesem Vertrauen lebe ich.

Bäume haben lange Gedanken, langatmige und ruhige, wie sie ein längeres Leben haben als wir. Sie sind weiser als wir, solange wir nicht auf sie hören. Aber wenn wir gelernt haben, die Bäume anzuhören, dann gewinnt gerade die Kürze und Schnelligkeit und Kinderhast unserer Gedanken eine Freudigkeit ohnegleichen. Wer gelernt hat, Bäumen zuzuhören, begehrt nicht mehr ein Baum zu sein. Er begehrt nichts zu sein, als was er ist. Das ist Heimat. Das ist Glück.

Im Anschluss ist es wieder wichtig, Raum zu lassen für die Gedanken und Ergänzungen der Teilnehmerinnen. Die Aufforderung zum Weitergehen sollte wieder mit einer guten, knappen Wegbeschreibung zur nächsten Station erfolgen. Möglich ist auch eine Anregung, die eigenen Gedanken weiterzuverfolgen.

Machen wir uns nun auf zur nächsten Station *(kurze Wegbeschreibung)*. Vielleicht tut es Ihnen einfach gut, auf die Geräusche der Bäume zu hören oder sich auszutauschen über das Heimatgefühl, das uns Bäume vermitteln können.

10–20 Minuten

5 Minuten

3. Wegstation: Eine Baumgruppe oder ein Baum am Wegrand

Bei dieser Station steht ein ganz normaler Baum oder eine Baumgruppe im Mittelpunkt. Die Teilnehmer bekommen einige Hinweise.

Suchen Sie sich bitte einen Platz, sodass Sie bequem stehen können. Vielleicht finden Sie auch eine Gelegenheit zum Hinsetzen. Spüren Sie, dass es auch gut tut, einmal einen Moment auszuruhen. Lassen Sie sich Zeit und genießen Sie den Blick in die Runde.

Bäume sind für mich immer auch ein gutes Bild für Rhythmus. Das ganze Leben in den verschiedenen Lebensphasen lässt sich mit dem Leben eines Baumes in den Jahreszeiten vergleichen. Der Baum mit den ersten Trieben und überschäumender Kraft im Frühling. Ein Baum, der im Sommer in seiner ganzen Lebenskraft dasteht, die Zeit der Ernte im Herbst und die Phase des Lebensabends mit dem Abschiednehmen im Winter.

Ich glaube aber auch, dass wir Menschen diese Lebensphasen schon im Kleinen brauchen, so wie auch ein Baum im Laufe seiner Lebenszeit die Jahreszeiten in ihrem Wechsel immer wieder durchläuft. Wir brauchen diesen Rhythmus im Auf und Ab unseres Alltags, in den Anforderungen, die auf jede und jeden von uns einstürmen.

Zum Beispiel den Winter, die Zeit der Ruhe, die Kräfte strömen nicht nach außen, wir sind auf uns selbst gerichtet, sind auf unser Inneres konzentriert. Manchmal zwingen uns auch äußere Umstände eine solche Ruhephase auf, beispielsweise eine Krankheit. Sie gehören zum Leben, diese Winterzeiten.

Dann aber auch wieder die Zeiten der neuen Triebe und Blüten, die Kräfte entwickeln sich, wir entwickeln neue Fähigkeiten, ein verheißungsvoller Anfang.

Es kommt der Sommer, die Zeiten, in denen wir »gut im Laub« stehen. Im Bewusstsein unserer Stärke und Kraft geben wir diese auch weiter. Anderen können wir in solchen »sommerlichen« Lebensphasen Raum und Halt geben.

Und dann die Zeit der Ernte, das Weitergeben unserer Früchte und Erfahrungen, wenn wir manches den anderen überlassen, um dann erneut und für Neues wieder in eine Phase der Ruhe und Kontemplation einzutauchen.

Der Baum, der so in den Jahreszeiten lebt und seinen Rhythmus hat, ist für mich ein gutes Vorbild und auch Anstoß, den Wechsel der Zeiten auch im eigenen Leben nicht aus den Augen und aus dem Bewusstsein zu verlieren.

Nach einer Pause, die wieder Raum lässt für Bemerkungen der Teilnehmer, bekommen diese Anweisungen für den nächsten Wegabschnitt. 10–20 Minuten

Wegstation 3A: Ein kleines Waldgebiet (Mischwald)

mindestens 15 Minuten

Für eine flexible Gruppe, deren Teilnehmer auch bereit sind, selbst aktiv zu werden, bietet sich folgende Zusatzstation an. Nötig ist dazu ein etwas geräumigeres Waldstück, wenn möglich Laubwald oder Mischwald, der mit einigen Laubbäumen durchsetzt ist.

Die Teilnehmer werden gesammelt und bekommen einige Hinweise:

Wir sind nun hier zwischen lauter verschiedenen Bäumen und ich möchte Sie einladen, die Vielfalt der Bäume, den Reichtum der Natur um uns herum etwas bewusster als üblich wahrzunehmen. Ich möchte Sie gern auffordern, gestalterisch tätig zu werden. So können Sie diesen Reichtum für sich selbst umsetzen.

Die konkrete Anweisung hängt nun ganz von den Möglichkeiten der Gruppe ab, ich biete hier verschiedene Beispiele. Bei einer Gruppe ist es ratsam, sich auf eines der angebotenen Beispiele zu beschränken.

- Gestalten Sie bitte ein eigenes Bild aus den vorhandenen Naturmaterialien.
- Gestalten Sie Ihren eigenen Baum aus den vorhandenen Materialien.
- Legen Sie eine Farbpalette (bietet sich besonders im Herbst an).
- Legen Sie eine Form (z.B. Kreis, Spirale, Dreieck ...) aus Naturmaterialien.

Für die abschließende Runde ist es wichtig, genügend Zeit einzuplanen, da jedem die Möglichkeit gegeben werden sollte, sein oder ihr Bild vorzustellen. Ist die Gruppe sehr groß, empfiehlt es sich, kleine Gruppen zum Austausch zu bilden.

Vor dem Weitergehen muss ein »innerer Abschied« von den Bildern ermöglicht werden.

Wir gehen jetzt miteinander weiter zur nächsten Station. Was wir hier geschaffen haben, ist so genannte

Landschaftskunst, sie ist für diesen Moment geschaffen und ist auch, wie alles in der Natur, vergänglich. Schauen Sie Ihr Bild noch einmal an. So, wie es ist, haben Sie es für diesen Moment geschaffen. Nehmen Sie Abschied und gehen Sie weiter. Vielleicht bietet das eine oder andere, was wir mit diesen Bildern gestaltet haben, noch etwas Gesprächsanregung für den Weg.

4. Wegstation: Ein Baumstumpf oder ein umgestürzter Baum

5 Minuten

Die letzte Station sollte an einem Baumstumpf oder bei einem gefällten, womöglich umgestürzten Baum sein. Gut wäre es, das neu erwachende Leben, Triebe oder auch nur Moos zu sehen.

Die TeilnehmerInnen werden noch einmal gebeten, sich einen guten Platz zu suchen.

Suchen Sie sich bitte wieder einen guten Platz oder setzen Sie sich auf den Baumstamm. Ich möchte Ihren Blick jetzt auf diesen Baumstumpf (bzw. gefällten Baum, liegenden Baumstamm) lenken. Soviel Leben und Lebendigkeit uns Bäume vermitteln, so sehr erinnert uns das hier an Abschied und Ende, an den Tod.

Das Holz wird genutzt, um Feuer zu machen oder um ein Haus zu bauen, aber es hat etwas von der Lebendigkeit verloren, die wir heute so stark spüren konnten.

Und doch ist das Leben sehr stark. Gerade hier in der Natur wird auch das sichtbar.

Ich möchte Ihnen ein paar Gedanken von Alexander Solschenizyn dazu vorlesen.

Der Ulmenstamm

Wir sägten Holz, griffen dabei nach einem Ulmenbalken und schrien auf. Seit im vorigen Jahr der Stamm gefällt wurde, war er vom Traktor geschleppt und in Teile zersägt worden. Man hatte ihn auf Schlepper und Lastwagen geworfen, zu Stapeln gerollt und auf die Erde geworfen – aber der Ulmenbalken hatte sich nicht ergeben. Er hatte einen frischen grünen Trieb hervorgebracht. – Eine ganze künftige Ulme oder einen dichten rauschenden Zweig. Wir hatten den Stamm bereits auf den Bock gelegt, wie auf einen Richtblock, doch wir wagten nicht, mit der Säge in seinen Hals zu schneiden. Wie hätte man ihn zersägen können? Wie sehr er doch leben will – stärker als wir.

Ein Trieb aus einem Baumstumpf – das ist auch ein biblisches Bild, das für uns zu Weihnachten und zu Jesu Botschaft gehört. »Und es wird ein Reis hervorgehen aus dem Stamm Isais und ein Zweig aus seiner Wurzel Frucht bringen.« JESAJA 11,1

Das biblische Bild ist für mich ein sehr lebendiges Bild. Ein Bild, das mir immer wieder sagt: Trotz allem, es gibt Wege, Möglichkeiten und Neubeginn, auch da, wo alles zu Ende scheint, tot und abgestorben aussieht. Das Leben kann siegen.

Nach der gewohnten Pause und möglichen Ergänzungen bekommen die TeilnehmerInnen die Weganweisung, wie sie zurück zum Ausgangspunkt kommen. Auch diese Strecke sollte noch einmal eine gute Viertelstunde dauern, um den Austausch zu ermöglichen und den Spaziergang äußerlich, aber auch innerlich abzurunden.

Jetzt machen wir uns gemeinsam auf den Weg zurück an den Ausgangspunkt *(kurze Wegbeschreibung)*. Ich möchte Sie einladen, die Gelegenheit noch einmal zu nützen, wirklich zu sehen, was uns so am Wegrand begegnet. Lassen Sie nachklingen, was Sie erlebt haben. Vielleicht ist es auch einfach schön, unsere Weggemeinschaft noch zu genießen. 15–20 Minuten

Am Ausgangspunkt:

Am Ausgangspunkt verabschieden wir die Gruppe und runden den gemeinsamen Spaziergang mit einem Segenswort ab. 3 Minuten

An dieser Stelle möchte ich mich von Ihnen verabschieden. Vielen Dank für Ihr Mitgehen und Ihre Beteiligung. Ich hoffe, es hat Ihnen gut getan. Zum Abschied und am Ende des gemeinsamen Weges möchte ich Ihnen ein Segenswort mitgeben:

> Was ich dir wünsche?
>
> Nicht, dass du der schönste Baum bist,
> der auf dieser Erde steht.
> Nicht, dass du jahraus, jahrein
> leuchtest von Blüten an jedem Zweig.
>
> Aber dass dann und wann
> an irgendeinem Ast eine Blüte aufbricht,
> dass dann und wann etwas Schönes gelingt,
> irgendwann ein Wort der Liebe ein Herz findet,
> das wünsche ich dir.

Ich wünsche dir, dass du dem Himmel nahe bist
und mit der Erde kräftig verbunden,
dass deine Wurzeln Wasser finden
und deine Zweige im Licht sind.

Dass du Halt findest an einem festen Stamm
und die Kraft hast, ein Stamm zu sein
für die, die du tragen sollst.

Dass du mit allem, was krumm ist an dir,
an einem guten Platz leben darfst
und im Licht des Himmels.

Dass auch, was nicht gedeihen konnte,
gelten darf
und auch das Knorrige und das Unfertige
an dir und deinem Werk
in der Gnade Gottes Schutz finden.

Jörg Zink

Der Gebetsweg

Vorbereitung

Auf dem Gebetsweg soll das Gehen selbst als geistliche Übung erfahrbar werden. Die Wanderung passt damit gut in Zeiten mit Exerzitien. Die Anforderungen des Weges sollten einfach sein, damit nicht der Weg das Gehen bestimmt. Ein Weg im ebenen Gelände, ohne große Steigungen und Schwierigkeiten, etwas abseits überfüllter Spazierwege bietet sich an. Die Körperübungen gelingen dort gut, wo man ungestört ist.

Zur Durchführung einer der Übungen bei den Wegstationen werden Papier und Bleistift benötigt. Der Wanderleiter, die Wanderleiterin teilen diese Materialien an der entsprechenden Stelle an die Gruppe aus.

Am Ausgangspunkt

5 Minuten

Am vereinbarten Treffpunkt (Gemeindehaus, Klinik, Parkplatz ...) wird die Gruppe kurz begrüßt und an das Thema herangeführt.

Liebe ...

Zu unserem heutigen spirituellen Spaziergang möchte ich Sie ganz herzlich willkommen heißen. Ich darf mich kurz vorstellen ... *(wenn nötig).* Wir gehen heute einen bestimmten Weg miteinander. Wir gehen diesen Weg als Gemeinschaft *(falls die Gruppe sich nicht kennt, ist hier Gelegenheit für eine Vorstellungsrunde).*

Heute werden wir unser Augenmerk besonders auf das Gehen selbst und auf die spirituelle Dimension des Gehens richten. An manchen Stellen werden wir miteinander stehenbleiben und mit ein paar Gedanken, einem Bibelwort, einem Gedicht oder einer Körperübung die Eindrücke noch etwas vertiefen.

Dazwischen gehen wir immer wieder ein ganzes Stück miteinander weiter, sodass die Möglichkeit besteht, auch untereinander ins Gespräch zu kommen und das an den Wegstationen Erfahrene zu reflektieren.

10–15 Minuten *Die Gruppe geht dann gemeinsam los, das Tempo sollte Gespräche gut zulassen. Um miteinander warm zu werden, hat es sich bewährt, erst einmal 10 bis 15 Minuten zu gehen, bevor die erste Station erreicht wird.*

2 Minuten **1. Station: Gehen als geistliche Übung**

Die erste Station muss keinerlei Besonderheiten aufweisen. Wir bleiben nach einem gemeinsamen Stück Wegs an einer Stelle stehen, an der sich die Gruppe gut sammeln kann, und geben das Folgende als Impuls in die Gruppe:

Wir beobachten, was beim Gehen mit dem Körper passiert. Das gibt uns eine Ahnung davon, wie die großen Begriffe der Religionen wie Gebet, Meditation, Spiritualität, geistliche Übung oder mystische Erfahrung ganz eng mit unserem Menschsein verbunden sind. Geistliche Übungen sind keine geistigen Übungen. Geistliche Übungen sind Körperübungen und Körpererfahrungen. Achten Sie auf dem vor Ihnen liegenden

Wegstück besonders auf das, was beim Gehen mit Ihrem Körper passiert.

Wir gehen nun gemeinsam bis ... *(kurze Wegbeschreibung)*, dort bleiben wir erneut gemeinsam stehen. 10–20 Minuten

2. Station: Gehen und Beten

5 Minuten

Auch diese Station muss keinerlei Besonderheiten aufweisen. Wir wählen eine Stelle, an der die Gruppe gut stehen kann, ohne von äußeren Einflüssen zu sehr abgelenkt zu werden.

Beim Gehen stellt sich nach einiger Zeit bei jedem Menschen ein ganz eigener Rhythmus ein. Dieser Rhythmus entsteht aus dem Takt der Schritte, der sich mit dem Takt des Atems verbindet. Ein vegetativer Körpervorgang, nämlich das Atmen, und ein willentlicher Körpervorgang, das Gehen, verschmelzen miteinander.

So wie unser Atem unseren Rhythmus des Gehens bestimmt, so kann das Gebet den Rhythmus des Lebens bestimmen.

Gebet ist nichts anderes als unser Atem. Wo der Atem zu Worten geformt wird, kann er gesprochenes Gebet sein, und dort, wo der Atem ohne Worte bleibt, kann er zu meditativer Betrachtung verhelfen.

Es braucht wenig, um während des Gehens vom Atem zum Gebet zu kommen: Ein Stück Weg, auf dem man geht. Ein wenig Zeit, um den eigenen Rhythmus zu finden.

Und vielleicht einen Satz, den man mitnimmt auf den Weg.

Es ist die Übung der Pilger, beim Gehen ein Gebet in den Atem einzuflechten. So wird das Gebet mit der ganzen Person verbunden. Der Körper mit seiner Bewegung und seinem Bewegungsrhythmus treibt das Gebet voran. Ausatmen und Einatmen strukturieren das Gebet.

Wenn Sie mögen, können Sie auf dem vor uns liegenden Wegstück einen Satz als innerliches Gebet in Ihren Atem einflechten, etwa den Satz »Lass mich deine Liebe spüren« oder »Begleite mich auf meinem Weg«.

10–15 Minuten

Wir gehen weiter bis ... *(kurze Wegbeschreibung).*

7 Minuten

3. Station: Körperübung

Diese Station sollte so beschaffen sein, dass die Teilnehmer mit ausreichend Platz um sich herum ungestört stehen können.

Suchen Sie sich eine Stelle, an der Sie gut stehen können. Wir wollen an dieser Wegstation in einer Körperübung den Zusammenhang von Gebet und Atem erspüren.

Das Gebet verbindet die Erde mit dem Himmel. Ausatmen und Einatmen haben eine unterschiedliche Qualität für unseren Körper. Diesen Qualitäten können wir nachspüren. Wir stehen bequem.

Die Füße sind hüftbreit auseinander gestellt. Die Arme lassen wir ganz locker herabhängen. Unser Atem hat noch den Rhythmus unseres Schritts. Langsam wird er ruhiger. Wir lassen den Atem kommen und gehen.

Einatmen und Ausatmen fühlen sich verschieden an. Wir spüren dem Unterschied nach: In den Füßen und Beinen. Was geschieht an den Fußsohlen? Wir lassen den Atem kommen und gehen. Was geschieht in den Kniekehlen?

Das Ausatmen erdet uns. Der Kontakt zur Erde wird beim Ausatmen schwerer. Wir lassen den Atem kommen und gehen. Wenn der Atem geht, verbinden wir uns mit der Erde. Wenn wir ausatmen, beten wir. Unser Gebet verbindet uns mit der Erde. Das ist das Geheimnis des Gebets.

Noch eine Weile nehmen wir uns Zeit, unserem Atem nachzuspüren, dann treten wir einen Schritt zurück und einen Schritt nach rechts.

Mit diesen Schritten beenden wir unsere Übung.

Je nach Zusammensetzung der Gruppe kann die folgende Information im Anschluss an die Körperübung als Impuls weitergegeben werden:

Wer das Einatmen über das Ausatmen stellt, hebt beim Gebet ab.

Das kann metaphorisch geschehen, indem sich alle Konzentration von der Erde weg zum Himmel bewegt, oder als ganz konkrete körperliche Erfahrung (Zustände des Hyperventilierens gehören hierher, sie werden in manchen Gruppen als Hilfsmittel für ekstatische Erfahrungen benutzt. Wir gehen solche Wege extremer Atemregulation und -deregulation nicht). Wer beim Gebet »abhebt«, verlässt den Rahmen des Gebets und betritt den Raum mystischer Erfahrungen.

Wir gehen weiter zur nächsten Station *(kurze Wegbeschreibung)*. Nach unserer Körperübung zu Atem und Gebet können Sie unterwegs allein oder im Gespräch 10–20 Minuten miteinander über das Geerdetsein des Gebets nachdenken – oder auch einfach weiterhin dem Rhythmus Ihres Atems nachspüren.

5 Minuten

4. Station: Vorlesetext

Wieder sind keine besonderen Anforderungen an die Wegstation gestellt. Wir können unterwegs einfach einmal stehenbleiben, die Gruppe sammeln und folgende Geschichte vorlesen:

Ich will Ihnen gerne eine Geschichte über Franz von Assisi weitergeben. Die Geschichte erzählt vom Zusammenhang zwischen Gehen und Gottesdienst, Gebet und Predigt:

Eines Tages schlug der Heilige Franz von Assisi einem jungen Mitbruder vor, in die Stadt zu gehen und dort den Leuten zu predigen. Sie machten sich auf den Weg nach Assisi, gingen durch die Straßen und über den Marktplatz, vorbei an Verkaufsständen, an Läden, Bettlern, Gauklern und vielen anderen Menschen. Dabei unterhielten sie sich über ihr Leben als Mönch, über ihre geistlichen Erkenntnisse und ihre Erfahrungen. Als sie wieder auf dem Heimweg waren, rief der junge Mönch auf einmal ganz erschrocken aus: »Vater! Wir haben ganz vergessen, den Leuten zu predigen!«

Der Heilige Franz legte ihm die Hand auf die Schulter. »Mein Sohn«, antwortete er, »wir haben die ganze Zeit gepredigt. Die Leute haben uns beobachtet, sie haben Teile unseres Gesprächs belauscht, sie haben unsere Gesichter und unsere Haltung gesehen. So haben wir gepredigt.« Und dann fügte er noch hinzu: »Es macht keinen Sinn zu gehen, um zu predigen, wenn wir nicht beim Gehen predigen.«

Wir gehen weiter bis … *(kurze Wegbeschreibung bis zur nächsten Station)* 10–20 Minuten

5. Station: Gemeinsam Gehen 5 Minuten

Wir halten an einer Wegstelle inne, an der die Gruppe gut stehen, möglicherweise sogar sitzen kann.

Beim gemeinsamen Gehen können wir uns bewusst machen, dass die Geschichte der Juden und Christen eine Geschichte des Wanderns, des Aufbruchs ist:

Das Volk Israel wanderte von Ägypten nach Israel, Jesus zog in Galiläa umher, Kreuzfahrer reisten nach Palästina, Christen wandern nach Rom oder laufen auf dem Pilgerweg nach Santiago de Compostela.

Die Menschen sind auf der Welt unterwegs. Das Unterwegssein ist ein altes Bild für den Menschen, wie er in dieser Welt lebt – immer rastlos unterwegs.

Das Ziel des rastlosen Weges ist das Leben bei Gott – und das erreicht nur, wer das Erdenleben hinter sich hat. So unsere christliche Tradition (z.B. bei Augustin).

Immer wenn Menschen sich gemeinsam auf den Weg machen, kann dieses Bild wieder auftauchen. Und da, wo Menschen sich zusammentun, sich bewegen, einen Weg gehen und dabei singen und beten, nennt man das in unserer christlichen Tradition eine Wallfahrt.

Manche Wallfahrten haben ferne Ziele, etwa der bereits erwähnte Pilgerweg nach Santiago de Compostela. Aber gerade hier in Bayern sind Wallfahrten zu berühmten Klöstern und Kirchen bis heute eine lebendige Tradition *(je nach örtlichen Gegebenheiten dieses und das Folgende entsprechend abwandeln)*.

Die Marienwallfahrten in das Benediktinerkloster in Ettal nehmen wieder zu. Menschen kommen zu Fuß nach Ettal, um vor dem Gnadenbild in der Klosterkirche zu beten.

Wer schon einmal das Kloster Andechs besucht und die Aufbewahrungsräume für die großen Wallfahrtskerzen gesehen hat, bekommt von dieser Tradition einen ganz besonderen Eindruck:

Neben Jahrhunderte alten Kerzen aus oberbayerischen Kirchengemeinden stehen dort auch die Kerzen des FC Bayern München und des TSV 1860 München als Dank für gewonnene Meisterschaften und als Bitte für die nächste Saison.

Wallfahrten und Pilgerwege unternahm man schon in früherer Zeit nicht gern allein. Die Menschen schlossen sich zu Gruppen zusammen, um sicher reisen zu können. Und so wurde nicht nur das Ziel der Wallfahrt oder des Pilgerwegs, sondern auch der Weg dorthin zu einem besonderen Erlebnis. Wo Menschen gemeinsam zu Fuß unterwegs sind, kommen sie schnell ins Gespräch, denn sie haben eines schon gemeinsam: Sie gehen ein Stück in ihrem Leben den selben Weg.

10–20 Minuten

Wir wollen jetzt wieder ein Stück Wegs gemeinsam gehen *(kurze Wegbeschreibung)*. Vielleicht haben Sie Lust, unterwegs darüber nachzudenken, mit wem Sie welche Wege Ihres Lebens gemeinsam gegangen sind, oder Sie genießen ganz einfach die Weggemeinschaft, die wir heute zusammen erleben.

6. Station: Gehen und Reden

10 Minuten

Diese Station muss keinerlei äußerliche Besonderheiten aufweisen. Nachdem der Impuls an dieser Station etwas mehr Zeit in Anspruch nimmt, ist es schön, wenn für einige Teilnehmer Gelegenheit zum Hinsetzen besteht.

Ich will Ihnen einen biblischen Text über das Gehen vorlesen:

Und siehe, zwei von ihnen gingen an demselben Tage in ein Dorf, das war von Jerusalem etwa zwei Wegstunden entfernt; dessen Name ist Emmaus. Und sie redeten miteinander von allen diesen Geschichten. Und es geschah, als sie so redeten und sich miteinander besprachen, da nahte sich Jesus selbst und ging mit ihnen. Aber ihre Augen wurden gehalten, dass sie ihn nicht erkannten. Er sprach aber zu ihnen: Was sind das für Dinge, die ihr miteinander verhandelt unterwegs? Da blieben sie traurig stehen.

Und der eine, mit Namen Kleopas, antwortete und sprach zu ihm: Bist du der Einzige unter den Fremden in Jerusalem, der nicht weiß, was in diesen Tagen dort geschehen ist?

Und er sprach zu ihnen: Was denn? Sie aber sprachen zu ihm: Das mit Jesus von Nazareth, der ein Prophet war, mächtig in Taten und Worten vor Gott und allem Volk; wie ihn unsre Hohenpriester und Oberen zur Todesstrafe überantwortet und gekreuzigt haben. Wir aber hofften, er sei es, der Israel erlösen werde. Und über das alles ist heute der dritte Tag, dass dies geschehen ist.

Auch haben uns erschreckt einige Frauen aus unserer Mitte, die sind früh bei dem Grab gewesen, haben seinen Leib nicht gefunden, kommen und sagen, sie haben eine Erscheinung von Engeln gesehen, die sagen, er lebe.

Und einige von uns gingen hin zum Grab und fanden's so, wie die Frauen sagten; aber ihn sahen sie nicht. LUKAS 24, 13-24

Gedanken zur Emmaus-Geschichte

Da gehen zwei miteinander. »Die gehen miteinander«, das sagen wir, wenn wir zwei sehen, die ganz eng umschlungen den Gehsteig entlang gehen. Die sagen nichts. Die sehen die Welt um sich herum nicht. Die sind nur füreinander da. Halten sich fest – gegenseitig. Die halten sich, wenn es ihnen gut geht. Die halten sich auch, wenn es ihnen schlecht geht, die zwei. Gerade dann ... Ein Liebespaar, irgendwo.

Und dann unsere beiden, die auf dem Weg sind. Sie laufen nebeneinander. Zwei Stunden lang ist der Weg, den sie vor sich haben. Und nach dem, was sie erlebt haben, ist es gut, dass sie den Weg zu zweit gehen.

So wie man (bei uns) in den Bergen die Wege am besten zu zweit geht. Einer allein kann nicht so vor sich hin laufen, die Gedanken bei dem, was alles passiert ist. Einer allein muss dauernd aufpassen.

Oder so wie viele ihre Wege nur schwer allein schaffen. Aber zu zweit geht der Weg. Nicht weil er dann weniger anstrengend wäre – nur weil dann jemand da ist, der mit aufpasst.

So gehen unsere beiden ihren Weg zu zweit. Die Gedanken bei dem Freund, der umgebracht wurde. Die Gedanken bei der Geschichte, die die Freundinnen erzählt haben. Die Geschichte, dass der nicht im Grab war. Und dabei sagen sie kein Wort. Sie gehen einfach vor sich hin. Da taucht der Fremde auf. Jetzt erst fangen sie an zu erzählen. Und sie erzählen diese ganzen Geschichten. »Weißt du's nicht ... Das gibt's doch nicht ...«, und sie reden und reden. Und alles sprudelt aus ihnen heraus.

Der Weg ist zu Ende. Sie kommen in das Dorf, wohin sie wollten. Und sie bitten den Fremden: »Herr, bleibe bei uns, denn es will Abend werden ...«

Und sie erkennen ihn dann beim Brotbrechen, beim Essen. Das ist der, um den sie trauern. Dann stimmen also die seltsamen Geschichten von dem leeren Grab. Und wie sie ihn erkennen, verschwindet der Fremde, der plötzlich gar nicht mehr fremd ist, der so vertraut geworden ist.

Da gehen zwei ihren Weg. Die Straße lang durchs Dorf, den Weg von der Klinik, vom Haus bis hinunter zur Straße und zurück. Sie sind beide ganz bei sich und beide wissen, da ist die andere oder der andere. Ich bin nicht allein, wir laufen zu zweit. Und es ist da etwas, wenn die beiden den Weg gehen. Es ist da dieses nicht Sagbare, das, was zwei merken, die den selben Weg gehen.

Es ist, wie wenn zwischen den beiden noch einer geht. Einer, der den Weg auch noch geht. Mehr noch. Einer, der die beiden zum Reden bringt. Einer, den das alles interessiert, was in den Köpfen der beiden vorgeht. Das, was gestern war, und das, was vorgestern war. Und so fangen sie an zu erzählen. Das war gestern und das war vorgestern. Und jetzt ist es gerade so oder so ...

So stelle ich mir den Weg nach Emmaus vor. Heute und immer wieder gehen da zwei. Und die fangen an, von dem zu erzählen, was da passiert ist, was gestern war, was vorgestern war. Es ist, wie wenn da noch einer dabei ist. Es ist, wie wenn uns einer auf unserem Weg zum Reden bringt.

Kurze Überleitung zur nun folgenden Wegstrecke.

Wir wollen auf dem folgenden Wegstück eine Übung machen. Dafür brauchen Sie Papier und Bleistift, was ich Ihnen jetzt austeile.

10–15 Minuten: erstes Wegstück 10–20 Minuten: zweites Wegstück

7. Station: Übung: Gehen und Reden

Diese Übung eignet sich für ein längeres einfaches Wegstück. Je nach gewähltem Weg für diese spirituelle Wanderung kann es sich beispielsweise auch um den Rückweg zum gemeinsamen Ausgangspunkt der Wanderung handeln. Der Weg sollte keine Anforderungen an die Wanderer stellen. Die Wanderleiter stellen sicher, dass ein gemeinsamer Anfang und ein gemeinsames Ende des Wegstücks deutlich ist.

Das gelingt am besten, wenn der Wanderleiter / die Wanderleiterin sich aus der Aufgabe herausnimmt, die Übung mit der Gruppe gemeinsam beginnt und dann in einem Abstand von etwa fünf bis sieben Minuten vor der Gruppe hergeht. Ein Hinweis wie »Ich werde an unserer nächsten Wanderstation stehen! Es gibt in diesem Wegstück keine Abzweigungen, an denen Sie sich verlaufen könnten« schafft die Sicherheit, sich ganz auf die Übung einlassen zu können. (Abzweigungen sollte es aber auch wirklich nicht geben, wenn man das so ansagt!)

Die Übung besteht aus zwei Teilen:

Sie beginnt mit einem Stück Weg, das jede und jeder alleine geht. Nachdem alle wieder zusammengekommen sind, beginnt der zweite Teil der Übung. Auf dem zweiten Wegstück gehen immer zwei Wanderer miteinander.

Auf das erste Wegstück nimmt jeder und jede ein Stück Papier und einen Stift mit.

Jeder achtet auf seinen eigenen Schritt und seinen eigenen Atem. Es ist gut, nicht zu dicht neben jemand anderem zu laufen. Wer nebeneinander läuft, übernimmt leicht den Geh-Rhythmus des Gehers neben sich. Achten Sie beim Gehen auf Ihren eigenen Schritt, auf den eigenen Atem. Legen Sie bei der Beobachtung auf diesem Wegstück mehr Wert auf das Ausatmen als auf das Einatmen.

Auf diesem Weg bekommen Sie die Aufgabe, ein Gedicht[2] zu schreiben. Dieses Gedicht bekommt eine ganz bestimmte Form, mit der jeder und jede es leicht schaffen wird, wirklich ein Gedicht zu schreiben.

Sie schreiben in der ersten Zeile ein Wort, in der zweiten Zeile zwei Wörter, in der dritten Zeile drei, in der vierten Zeile vier Wörter und in der fünften und letzten Zeile wieder nur ein Wort.

DIE
EINZIGE VORGABE
IST ES, SICH
AN DIESE FORM ZU
HALTEN.

Beginnen Sie zum Beispiel einfach mit einem Wort, das Ihnen gerade in den Sinn kommt, oder mit einem Gedanken, der Ihnen auf unserer heutigen Wanderung zum Thema Gebetsweg wichtig geworden ist. Alles Weitere ergibt sich dann. Schreiben Sie auf, was Ihnen einfällt. Ich werde an unserer nächsten Wanderstation stehen! Es gibt in diesem Wegstück keine Abzweigungen, an denen Sie sich verlaufen könnten.

---

2 Diese Übung verdanken wir Waldemar Pisarski, der sie aus USA mitgebracht und auf einer Konferenz vorgestellt hat.

Nachdem sich alle an der Wanderstation zusammengefunden haben, geben Sie die Anleitung für den zweiten Teil der Übung:

Wir kommen nun wieder alle nach einem Wegstück, das Sie alleine gingen, hier zusammen. Gehen Sie nun das nächste Wegstück zu zweit und teilen Sie miteinander das Geschriebene. Lesen Sie sich Ihre Gedichte beim Gehen vor[3]. Was entspinnt sich aus diesen Zeilen? – Wenn Sie Ihren Text nicht mit jemand anderem besprechen wollen, dann gehen Sie das nun folgende Wegstück noch einmal bewusst alleine und sprechen Sie für sich innerlich beim Gehen im Rhythmus Ihres Atems, was Sie aufgeschrieben haben.

Ich werde nach einigen Minuten auf diesem Weg an der nächsten Station/am Ausgangspunkt auf Sie warten.

5 Minuten

Am Ausgangspunkt

Am Ausgangspunkt verabschieden wir die Gruppe und runden den gemeinsamen Spaziergang mit einem Segenswort ab.

An dieser Stelle möchte ich mich von Ihnen verabschieden. Vielen Dank für Ihr Mitgehen und Ihre Beteiligung. Ich hoffe, es hat Ihnen gut getan. Zum Abschied und am Ende des gemeinsamen Weges möchte ich Ihnen ein Segenswort mitgeben, einen Segen, der uns noch einmal den Zusammenhang von Atem, Gebet und Segen bewusst macht:

---

3 Wir haben die Gedichte nach einer Veranstaltung auch einmal gesammelt und als Erinnerung allen TeilnehmerInnen zugänglich gemacht – damit müssen aber alle einverstanden sein. Es gibt nicht jeder gerne ein eigenes Gedicht aus der Hand!

Gott,
du quelle des lebens
du atem unsrer sehnsucht
du urgrund allen seins

segne uns
mit dem licht deiner gegenwart
das unsre fragen durchglüht
und unsren ängsten standhält

segne uns
damit wir ein segen sind
und mit zärtlichen händen
und einem hörenden herzen
mit offenen augen
und mutigen schritten
dem frieden den weg bereiten

segne uns
da wir einander segnen
und stärken
und hoffen lehren
wider alle hoffnung
weil du unserem hoffen
flügel schenkst

amen
so sei es
so ist es
amen

Katja Süss

Der Fußweg

Vorbereitung

Das durchgängige Thema dieser Wanderung ist die (Wieder-)Entdeckung und die Wertschätzung unserer Füße, die wie sonst kaum ein Körperteil auch den ganzen Körper symbolisieren.

Für die Wanderung eignet sich ein Weg durch einen Wald. Umgestürzte Bäume laden zum Balancieren ein und der weiche Waldboden ermöglicht es, Wegstücke barfuß zu gehen. Besonders gut eignen sich Wege, deren Beschaffenheit abwechselt. Wo der Weg einmal breit und dann ganz schmal, einmal hart oder schotterig und einmal ganz weich ist, können wir ganz verschiedene Erfahrungen mit unseren Füßen machen. Die Station Fußspuren erfordert einen Platz mit weichem Boden oder aber die Mitnahme von etwas aufwändigerem Material, nämlich alte Tapetenrollen oder längere Papierbahnen. Der Weg führt uns zu einem Bach oder See, an dessen Ufer wir auch leicht das Wasser erreichen können.

Mit kleinen Änderungen eignet sich diese Wanderung auch für Wanderungen am Meer entlang, mit einem Stück Sandstrand oder einer Düne.

Die spirituelle Wanderung »Der Fußweg« kann als Sommer- oder Winterwanderung durchgeführt werden. Je nach Jahreszeit können einzelne Stationen entfallen, bestimmte Stationen (z.B. Fußspuren im Tiefschnee) lassen sich nur im Winter durchführen, andere, z.B. Barfußgehen, eignen sich eher für die wärmere Jahreszeit.

Vorbemerkung:

Es mag nach etwas sehr Alltäglichem klingen, die Stationen dieser Wanderung dem Thema Füße zu widmen. Bei genaue-

rer Betrachtung gerieten uns die Füße dann aber in eine bemerkenswerte Spannung: Sie sind am weitesten von unserem Kopf entfernt und darum nicht hoch geachtet, dachten wir zuerst. Dann fiel uns auf, dass es gar nicht wenigen Menschen schwer fällt, diese Füße auch einmal genau anzusehen oder Schuhe und Strümpfe vor anderen Menschen auszuziehen. Beim Stöbern durch die »Fuß-Texte« der Bibel stießen wir dann auf eine Erklärungsmöglichkeit und sie soll hier vorweggenommen werden: Im Johannesevangelium übernimmt Jesus die Sklaven- und Frauenarbeit des Füßewaschens. Die Assoziationen sind »schmutzige Füße«, »Dreck wegmachen«, »Fußschweiß« usw. Die Füße sind in dieser Geschichte weit weg vom Kopf und wenig geachtet. Petrus weist auch noch auf das Oben und Unten von Kopf und Fuß hin, wenn er von Jesus fordert: »Herr, nicht die Füße allein, sondern auch die Hände und das Haupt!«

Ein ganz anderes Bild von den Füßen entsteht in der Erzählung des Evangelisten Lukas (Lk 7): Eine Prostituierte »trat von hinten zu Jesu Füßen, weinte und fing an, seine Füße mit Tränen zu benetzen und mit den Haaren ihres Hauptes zu trocknen, und küsste seine Füße und salbte sie mit Salböl.« Jesus lässt die Frau gewähren. Ich stelle mir vor, wie die Haare der Frau die Füße Jesu umfangen, wie ihre Lippen Jesu Füße berühren ... Es braucht nicht viele Worte, um von der Erotik dieser Szene erfasst zu werden.

In der Spannung zwischen Schmutz und Erotik, zwischen Abstoßendem und Erregendem bewegen wir uns also, wo wir unsere Füße ausgiebig zum Thema machen.

Wir sind unversehens bei unserer Sexualität gelandet und berühren unsere Intimität und die Intimität unserer Mitwanderer. Und das bei einem scheinbar so unverfänglichen Thema wie unseren Füßen!

Wer bei dieser Wanderung »nur« mitgehen und zuhören möchte, darf nicht unter Druck geraten, wo wir an einzelnen Stationen anbieten, einmal die Schuhe auszuziehen. Bei den verschiedenen Übungen sollte der Wanderleiter / die Wanderleiterin darum immer ausdrücklich auf die Freiwilligkeit und den Angebotscharakter der Übungen hinweisen.

Vergessen wir nicht, dass wir als Gruppe unterwegs sind. So schön es für manche ist, barfuß über den Waldboden zu gehen, so furchtbar ist für andere die Vorstellung, jetzt die Schuhe auszuziehen. Warum das in diesem Moment so ist, geht alle anderen in der Gruppe nichts an. Ich habe oft darüber nachgedacht, warum ich bei der einen Wanderung mit einer Gruppe gerne meine nackten Füße in einen Bergbach baumeln lasse und bei der nächsten Wanderung, an der selben Stelle, um nichts in der Welt meine Schuhe ausziehen würde. Ich kann es nicht sagen. Vielleicht liegt es an der Zusammensetzung der Gruppe oder an meiner Tagesstimmung oder an dem jeweiligen Wetter? Ich kann nur sagen: Es ist so!

5 Minuten

Am Ausgangspunkt

Am vereinbarten Treffpunkt wird die Gruppe kurz begrüßt und an das Thema herangeführt. Wir gehen 10 – 15 Minuten, bevor wir die Gruppe zur ersten gemeinsamen Körperübung anleiten.

Liebe …

Zu unserem heutigen spirituellen Spaziergang möchte ich Sie ganz herzlich willkommen heißen.

Ich darf mich kurz vorstellen … *(wenn nötig)*.

Wir gehen heute einen bestimmten Weg miteinander. Wir gehen diesen Weg als Gemeinschaft *(falls die Gruppe sich nicht kennt, ist hier Gelegenheit für eine Vorstellungsrunde)*. Der Weg, den wir uns bei dieser Wanderung vorgenommen haben, ist ein Fußweg. Wir gehen diesen Weg auf unseren Füßen, mit unseren Füßen. Das ist so alltäglich und selbstverständlich, dass wir es gar nicht dazusagen. Klar gehen wir den Weg mit unseren Füßen. Wir gehen und stehen auf unseren Füßen so selbstverständlich, dass es uns erst bewusst wird, wenn sich nach einer Weile die Füße bemerkbar machen, wenn die Fußsohlen brennen, weil man lange auf Asphalt gelaufen ist, wenn man sich eine Blase gelaufen hat, wenn die Zehen in zu kleinen Schuhen eingezwängt sind oder wenn die Füße müde werden.

An manchen Stellen werden wir gemeinsam stehenbleiben und mit ein paar Gedanken, einem Bibelwort oder einem Gedicht die Eindrücke zum Thema »Fußweg« noch etwas vertiefen.

Dazwischen gehen wir immer wieder ein ganzes Stück miteinander weiter, sodass die Möglichkeit besteht, auch untereinander ins Gespräch zu kommen.

Wir gehen bis zur ersten Station *(kurze Wegangabe)* etwa 10 bis 15 Minuten. 10–15 Minuten

1. Wegstation 8 Minuten

Die erste Station muss keinerlei Besonderheiten aufweisen. Die TeilnehmerInnen sollten die Möglichkeit haben, ruhig und ohne Ablenkung auf einer ebenen Fläche zu stehen.

Wir wollen uns ein erstes Mal unseren Füßen, dem Boden, unserem Kontakt zur Erde widmen. Wir tun das – und das wird manche und manchen vielleicht verwundern, indem wir uns zunächst gar nicht um unsere Füße kümmern, sondern um unseren Atem:

Am einfachsten stellt man sich bequem hin, die Füße stehen etwa hüftbreit auseinander, die Arme hängen seitlich herunter. Folgen Sie einfach aufmerksam dem Nacheinander von Einatmen und Ausatmen.

Jeder Mensch hat seinen ganz eigenen Atemrhythmus. Die Luft strömt durch die Nase in den Körper. Brust und Bauch weiten sich.

Wer mag, kann beim Einatmen die Arme mit nach oben nehmen ... Und beim Ausatmen die Arme wieder sinken lassen ... Das Ausatmen kann etwas länger dauern als das Einatmen.

Die Luft strömt aus Mund oder Nase. Die Arme sinken herunter. Das Zwerchfell entspannt sich ...

... und der Boden unter den Füßen wird deutlich spürbar.

Beim Einatmen werden wir leicht, die Arme gehen nach oben.

Beim Ausatmen werden wir schwer. Wir bekommen Kontakt nach unten. Beim Ausatmen »erden« wir uns.

Wir können beim Ausatmen auch Töne erzeugen. Wenn wir sprechen, atmen wir aus. Auch wenn wir beten, atmen wir aus.

So bekommen wir beim Beten festen Kontakt zur Erde. Wir heben gerade beim Beten nicht ab. Das Gebet »erdet« uns. Das Gebet schafft uns Kontakt zur Erde.

Wir bleiben beim Rhythmus unseres Ein- und Ausatmens. Wir spüren an den Fußsohlen den Unterschied des Einatmens und Ausatmens ...

Das Geheimnis unseres Kontakts zu dieser Erde, auf der wir leben, liegt im Ausatmen. Wir können auch sagen: Das Geheimnis unseres Kontakts zu dieser Erde, auf der wir leben, liegt im Gebet.

Zum Abschluss unserer Übung treten wir ganz bewusst einen kleinen Schritt nach hinten.

Nachdem wir die Körperübung beendet haben, geben wir das Folgende als Impuls für das Weitergehen in die Gruppe:

Diesen Gedanken – vielleicht auch das Gefühl dazu – nehmen wir mit auf unseren Weg. Es hat sich ein Rhythmus unseres Atems eingestellt. Dieser Rhythmus unseres Atems wird den Rhythmus unserer Schritte lenken.

Wegen dieser Beziehung von Atem, Bodenkontakt (oder vielleicht sagen wir hier besser Bodenhaftung) und Gebet sitzen wir im Gottesdienst nicht beim Gebet. Wir stellen uns auf unsere Füße.

In den Gottesdiensten der katholischen Kirche knien die Beterinnen und Beter, und die Muslime beugen sich beim Gebet ganz zur Erde und immer ist der Kontakt nach unten ein wichtiger Bestandteil des Gebets.

Wallfahrten, Pilgerwege und Kreuzgänge in alten Klöstern und Kirchen erinnern uns an eine Gebetshaltung, die den Kontakt zur Erde beim Gebet Schritt für Schritt herstellt. Es gehört zu unserer christlichen Tradition, dass wir Gehen und Beten miteinander verbinden können.

Wir wenden uns nun unseren Mitwanderern zu und gehen weiter. Wir gehen gemeinsam eine Wegstrecke von etwa einem Kilometer bis zur nächsten Wegstation *(kurze Wegbeschreibung)*. 15 Minuten

2. Wegstation: Unsere Fußsohlen

3 Minuten

Als zweite Station auf unserem Weg wählen wir eine Stelle, an der sich die TeilnehmerInnen auf einer ebenen, freien Fläche verteilen können.

Wir wollen unsere Aufmerksamkeit jetzt unseren Fußsohlen zuwenden. Vielleicht haben Sie auf dem Weg hierher schon etwas intensiver auf Ihre Füße geachtet, als Sie das gewöhnlich tun:

Die Fußsohlen sind ein vergleichsweise kleiner Bereich unserer Körperoberfläche. Etwa 20 bis 25 cm lang und kaum 10 cm breit. Und es ist wiederum nur gut die Hälfte der Fläche unserer Fußsohle, mit der wir auch wirklich den Boden berühren.

Auf diesem einen Kilometer, den wir zwischen der letzten Wegstation und dieser gelaufen sind, haben wir etwa 2000 Schritte gemacht. Die einen natürlich einige mehr, die mit den langen Beinen einige weniger. 2000 mal haben etwa 130 Quadratzentimeter unserer Fußsohle unser ganzes Körpergewicht getragen. Bei siebzig Kilogramm Körpergewicht war das eine Last von 140 Tonnen. Jeder Fuß hat in den letzten 20 Minuten das Gewicht von zwei beinahe vollbeladenen LKW mit Anhänger ausgehalten.

Nun setzen wir unsere Füße aber nicht mit der ganzen Fläche auf. Wir würden sonst watscheln wie ein Pinguin oder unelegant vor uns hin tapsen. Bei jedem Schritt rollen wir den Fuß von der Ferse zu den Zehen über den Boden. Mit der Ferse setzen wir den Fuß auf den Boden. Unsere Bodenberührung beginnt bei jedem Schritt mit einer relativ kleinen Fläche, dehnt sich dann für den Moment, währenddessen wir mit dem ganzen Fuß am Boden stehen, auf die ganze Fläche der Fußsohle aus und wird sofort wieder weniger, bis auch die Zehen den Bodenkontakt aufgeben und der andere Fuß den Boden berührt. Einen kurzen Moment lang trägt jetzt jede einzelne Zehe etwa ein Fünftel des gesamten Körpergewichts.

Nicht eine möglichst große Auflagefläche macht unseren Stand und unseren Gang sicher, sondern das Zusammenspiel von Ferse, Fußballen und Zehen. Darum sind unsere Fußsohlen nicht flach, sondern kompliziert gebogen.

Wir ermöglichen den TeilnehmerInnen in einer kurzen Pause, das Gehörte auszuprobieren.

Wir gehen nun gemeinsam nach ... *(kurze Wegbeschreibung).* Achten Sie beim Gehen besonders darauf, wie Ihre Füße die gesamte Last Ihres Körpers tragen, achten Sie einmal auf das Zusammenspiel von Ferse, Fußballen und Zehen. 10–20 Minuten

3. Wegstation: Körperübung an einem liegenden Baumstamm 10–20 Minuten

Für die Körperübung an dieser Wegstation wählen wir eine Stelle mit einem oder mehreren liegenden Baumstämmen. Der Wanderleiter / die Wanderleiterin muss beim Aussuchen der Station bzw. vor Beginn der Übung überprüfen, dass die Baumstämme sicher liegen.

Wer über einen Baumstamm balanciert, spürt das Zusammenspiel der einzelnen Kontaktpunkte des Fußes zum Boden: Der Stand ist nicht sicher. Der Fuß wackelt im Fußgelenk hin und her. Die üblichen Kontaktpunkte – Ferse, Fußballen und Zehen – haben nicht die gewohnte Bodenberührung – und schon müssen wir unser Gleichgewicht mit den Armen und dem Oberkörper ausgleichen.

Wer auf dem Baumstamm steht, merkt, wie die Zehen sich nach unten krümmen, als könnten sie sich festkrallen. Die Spannung im Fuß wächst, wo der Boden unter den Füßen nicht mehr sicher ist. In extremem Gelände, zum Beispiel im Hochgebirge oder auf ganz schmalen Pfaden oder auf wackeligen Brücken, kann sich diese Spannung so auf den ganzen Körper übertragen, dass es keinen Schritt mehr vorwärts oder rückwärts geht.

Es ist vielleicht schon eine ganze Weile her, seit Sie zum letzten Mal über einen Baumstamm balanciert sind. Probieren Sie es aus!

Je nach Zusammensetzung der Gruppe kann man das Angebot machen, dass man sich von einer zweiten Person, die nebenhergeht, führen lassen kann, während man selbst auf dem Baumstamm balanciert.

Zusätzlich zum Balancieren der Einzelnen kann man, bei einem großen, dicken Baumstamm, folgende Gruppenübung anbieten:

Alle stellen sich gemeinsam in einer Reihe auf den Baumstamm. Nun hat immer der Erste in der Reihe die Aufgabe, sich ganz hinten auf dem Baumstamm anzustellen. Dabei verlässt keiner der Mitspieler den Stamm, alle müssen oben bleiben. Alle sorgen gemeinsam dafür, dass niemand vom Baumstamm herunterfällt oder heruntergedrängt wird.

Wenn alle einmal an allen anderen vorbei an das andere Ende des Baumstamms balanciert sind, ist die Aufgabe gelöst. Jetzt steht die ganze Gruppe wieder in derselben Reihenfolge wie zu Beginn des Spiels.

Nach dieser Körperübung am liegenden Baumstamm gehen wir gemeinsam zur nächsten Station (kurze Wegbeschreibung). 10–20 Minuten

4. Wegstation: Ein Fußpsalm

5 Minuten

Diese Wegstation muss keinerlei Besonderheiten aufweisen. Wir suchen eine Stelle, an der die Gruppe gut stehen und zuhören kann.

In den Psalmen der Bibel bringen die Beter ihre existenziellen Nöte vor Gott. Immer wieder ist dort die Rede von den Füßen und vom Gehen:

Als mir angst war, rief ich den Herrn an
und schrie zu meinem Gott.
Ich gehe krumm und sehr gebückt;
den ganzen Tag gehe ich traurig einher.
Denn meine Lenden sind ganz verdorrt;
es ist nichts Gesundes an meinem Leibe.
Ich bin matt geworden und ganz zerschlagen;
ich schreie vor Unruhe meines Herzens.

Herr, du kennst all mein Begehren,
und mein Seufzen ist dir nicht verborgen.
Mein Herz erbebt,
meine Kraft hat mich verlassen,
und das Licht meiner Augen ist auch dahin.
Meine Lieben und Freunde scheuen zurück
vor meiner Plage,
und meine Nächsten halten sich ferne.
Aber ich harre, Herr, auf dich;
du, Herr, mein Gott, wirst erhören.
Denn ich denke:

Dass sie sich ja nicht über mich freuen!
Wenn mein Fuß wankte,
würden sie sich hoch rühmen wider mich.
Denn ich bin dem Fallen nahe,
und mein Schmerz ist immer vor mir.

Da erhörte er meine Stimme von seinem Tempel,
und mein Schreien kam vor ihn zu seinen Ohren.
Er neigte den Himmel und fuhr herab,
und Dunkel war unter seinen Füßen.
Er zog mich aus der grausigen Grube,
aus lauter Schmutz und Schlamm,
und stellte meine Füße auf einen Fels,
dass ich sicher treten kann;
er hat mir ein neues Lied
in meinen Mund gegeben,
zu loben unsern Gott.
Das werden viele sehen und sich fürchten
und auf den Herrn hoffen.

Befiehl dem Herrn deine Wege
und hoffe auf ihn, er wird's wohl machen
und wird deine Gerechtigkeit heraufführen
wie das Licht
und dein Recht wie den Mittag.
Von dem Herrn kommt es,
wenn eines Mannes Schritte fest werden,
und er hat Gefallen an seinem Wege.
Fällt er, so stürzt er doch nicht;
denn der Herr hält ihn fest an der Hand.
Gott rüstet mich mit Kraft
und macht meine Wege ohne Tadel.
Er macht meine Füße gleich den Hirschen
und stellt mich auf meine Höhen.

Ich freue mich und bin fröhlich über deine Güte,
dass du mein Elend ansiehst
und nimmst dich meiner an in Not
und übergibst mich nicht
in die Hände des Feindes;
du stellst meine Füße auf weiten Raum.
Du gibst meinen Schritten weiten Raum,
dass meine Knöchel nicht wanken.
Denn mit dir kann ich über Mauern springen.

AUS DEN PSALMEN 18, 37, 38, 40

Auf dem Weg zur nächsten Station *(kurze Wegbeschreibung)* können Sie darüber nachdenken, wie Sie Standfestigkeit erreichen können, wie Ihnen weiter Raum eröffnet wurde und was Gott möglicherweise für Sie damit zu tun hat. 10–20 Minuten

5. Wegstation: Fußwege und Pfad

5 Minuten

Der Weg zu dieser Station sollte nach Möglichkeit zunächst ein breiter Weg sein, der dann in einen engeren Pfad übergeht.

Fußwege sind in unserer Welt etwas Besonderes geworden. Wir müssen Fußwege aufsuchen, um nicht auf der Straße zu laufen. Fußwege sind meist schmal und wir können uns auf ihnen sicher fühlen. Relativ sicher jedenfalls vor allen, die auf Rädern, mit Autos etc. daherkommen könnten.

So tragen Fußwege zu unserer Entspannung beim Gehen ganz wesentlich bei. Unsere Aufmerksamkeit kann sich auf unsere Begleiterinnen und Begleiter richten oder auf die Landschaft, die wir durchwandern. Wir dürfen auf der Wegmitte gehen oder nebeneinander.

Erst wo aus dem Fußweg ein Pfad wird, ist wieder Konzentration vonnöten: Pfade sind gerade mal fußbreit. Der Bewuchs und die Landschaft, die uns umgeben, reichen bis an unsere Füße heran.

Neben dem Pfad ist es schotterig oder feucht, da ist weicher Waldboden oder Wiese.

Wir setzen Fuß vor Fuß. Das ist gar nicht so einfach, wie sich das anhört. »Fuß vor Fuß« ist etwas anderes als »Schritt für Schritt«. »Fuß vor Fuß« ist ein Tasten. »Fuß vor Fuß« erfordert unseren Gleichgewichtssinn.

Die Beter der Psalmen kannten das:

Du gibst meinen Schritten weiten Raum, dass meine Knöchel nicht wanken. (PSALM 18,37)

Der breite Weg bietet genug Raum, die Schritte so zu setzen, dass die Knöchel nicht wanken. Der Pfad bietet das nicht. Der Pfad hat etwas Wackeliges, Ungewisses.

Mein Sohn, wandle den Weg nicht mit den bösen Buben, halte deinen Fuß fern von ihrem Pfad; denn ihre Füße laufen zum Bösen und eilen, Blut zu vergießen. (SPRÜCHE 1,15 F.)

So mahnt der Lehrer in den Sprüchen seine Schüler.

Will man nicht Gefahr laufen zu stürzen – im ganz realen oder im übertragenen Sinn –, muss man zusehen, den richtigen Pfad einzuschlagen und auf seinem Pfad zu bleiben.

Hiob greift die Metapher vom Weg und vom Pfad auf, wenn er beklagt: Die Gottlosen sind Feinde des Lichts geworden, kennen Gottes Weg nicht und bleiben nicht auf seinen Pfaden. (HIOB 24,13)

10–20 Minuten

Wir gehen jetzt gemeinsam nach … *(kurze Wegbeschreibung).*

6. Wegstation: Barfußlaufen

15–20 Minuten oder länger

Der Boden dieser Wegstation sollte weich (z.B. ein Wiesenweg) oder sandig (zum Beispiel in den Dünen) sein (kein Asphalt!). Man sollte niemanden auf Schotter oder anderen schmerzhaften Untergrund leiten, um mal die Füße richtig zu spüren. Auch wenn Läufe über abgemähte Stoppelfelder früher zum »Volkssport« oder zu den Mutproben von Dorfjugendlichen gehörten, eignen sie sich in unserem Rahmen nicht dazu, die eigenen Füße zu spüren.

Bei der Übung »Barfußlaufen« sind Verletzungen eher unwahrscheinlich, ratsam ist aber immer, einige kleine Pflaster dabei zu haben, falls sich doch ein Gruppenmitglied die Fußsohle verletzt.

Wann sind Sie das letzte Mal barfuß gelaufen? Wollen Sie es wagen, die nächsten 200 Meter barfuß zurückzulegen? Es braucht ein ganzes Stück Mut. Wer weiß schon, was alles auf diesem Weg rumliegt?

Bevor wir barfuß losgehen, fühlen wir erst einmal den Untergrund mit unseren Fußsohlen. Wir stehen auf beiden Füßen. Der Untergrund ist ungewohnt. Ist er kalt? Ist er warm? Spüren wir Feuchtigkeit oder können wir unsere Zehen in den trockenen Boden graben? Wagen wir es, mit dem nackten Fuß aufzustampfen? Richtig fest aufzustampfen? Mit einem Schuh am Fuß könnten wir das ohne Zögern. Was hindert uns?

Der Schuh am Fuß gibt uns Macht. Stiefel können im Marschrhythmus dröhnen. Stiefel können Angst machen. Stiefel können zertreten.

Jetzt sind keine Stiefel, keine Schuhe an unseren Füßen. Wo ziehen wir sonst noch unsere Schuhe aus? Zu Hause, wo wir uns nicht bedroht fühlen. Im Schwimmbad, wo wir im Wasser ohnehin weniger mit unseren Füßen anfangen. Im Bett, wo wir im Schlaf alle Kontrolle und damit auch alle Macht abgeben.

Wir lesen in den Mose-Geschichten (EXODUS / 2. MOSE 3,1-5):

Mose aber hütete die Schafe Jitros, seines Schwiegervaters, des Priesters in Midian, und trieb die Schafe über die Steppe hinaus und kam an den Berg Gottes, den Horeb.

Und der Engel des Herrn erschien ihm in einer feurigen Flamme aus dem Dornbusch. Und er sah, dass der Busch im Feuer brannte und doch nicht verzehrt wurde.

Da sprach er: Ich will hingehen und die wundersame Erscheinung besehen, warum der Busch nicht verbrennt.

Als aber der Herr sah, dass er hinging, um zu sehen, rief Gott ihn aus dem Busch und sprach: Mose, Mose! Er antwortete: Hier bin ich.

Gott sprach: Tritt nicht herzu, zieh deine Schuhe von deinen Füßen; denn der Ort, darauf du stehst, ist heiliges Land!

Wir Christen ziehen in der Kirche die Schuhe nicht aus. Muslime tun das in ihren Moscheen. Zeigt sich hier, dass unser Christentum in seiner Geschichte den Gedanken an ein heiliges Land immer mit Macht verbunden hat? Kreuzzüge ins »Heilige Land« oder die politische Idee vom »Heiligen Römischen Reich Deutscher Nation« sind ohne Soldatenstiefel nicht denkbar.

Wie ist das heute? Wir spüren unsere nackten Fußsohlen auf dem Boden und hören Gottes Stimme, die zu Mose sagt: »Zieh deine Schuhe von deinen Füßen; denn der Ort, darauf du stehst, ist heiliges Land.«

Im Lukasevangelium lesen wir, wie Jesus seine Jünger ausgesandt hat (LUKAS 10,1-4):

Danach setzte der Herr weitere zweiundsiebzig Jünger ein und sandte sie je zwei und zwei vor sich her in alle Städte und Orte, wohin er gehen wollte, und sprach zu ihnen: Die Ernte ist groß, der Arbeiter aber sind wenige. Darum bittet den Herrn der Ernte, dass er Arbeiter aussende in seine Ernte.

Geht hin; siehe, ich sende euch wie Lämmer mitten unter die Wölfe. Tragt keinen Geldbeutel bei euch, keine Tasche und keine Schuhe, und grüßt niemanden unterwegs. Wenn ihr in ein Haus kommt, sprecht zuerst: Friede sei diesem Hause!

Kein Geldbeutel, keine Tasche, keine Schuhe. Wie geht es sich ohne Schuhe? Probieren wir es aus ...

Angeben, bis wohin die Gruppe barfuß läuft.

7. Wegstation: Fußstapfen

10 Minuten

Diese Station macht viel Spaß im Winter in frisch gefallenem Schnee, aber auch am Meer, im Sand, auf einem sandigen Waldweg oder auch auf einer großen Papierbahn, z.B. auf Tapetenrollen oder Papierrollen.

Es ist ein besonderes Erlebnis, auf einer verschneiten Fläche seine ganz eigene Spur zu hinterlassen, zu rennen, zu schlurchen, viel Staub aufzuwirbeln oder gleichmäßige Muster mit den eigenen Fußstapfen zu zeichnen. Skiwanderer und Tiefschneefahrer kennen das berauschende Gefühl, »eine eigene Spur gelegt zu haben« und am Ende der Abfahrt noch einmal hinaufzuschauen und dem Verlauf der Spur mit den Augen zu folgen.

Auf einer freien, frisch verschneiten Fläche / Sandfläche / Papierbahn bekommen die Gruppenmitglieder die Aufgabe, eine ganz eigene Spur zu hinterlassen. Spannend ist eine offene Aufgabenstellung, bei der beliebige Spuren entstehen können. Es kann aber auch ein eingegrenzteres Angebot sein, z.B. den Namenszug oder die eigenen Initialen als Fußspur im Schnee / im Sand / auf dem Papier zu gestalten.

Stellen Sie sich vor, diese ...fläche ist ein riesiges Malpapier. Gestalten Sie darauf mit Ihren Füßen Ihre eigene Spur / ein Symbol / eine Initiale.

Wir lassen den TeilnehmerInnen Zeit für das Gestalten ihrer Spur.

Nachdem wir unsere ganz eigene Spur hinterlassen haben, denken wir noch einmal darüber nach:

Unsere Fußabdrücke sind so einmalig und individuell wie die Abdrücke unserer Finger. Mit unseren Füßen hinterlassen wir Spuren. Manchmal können wir einen Blick zurück werfen und die Spuren sehen, die wir hinterlassen haben. Es ist gut, wenn wir unsere Spuren ansehen können. Wir sehen, wo wir gegangen oder gelaufen sind. Wir sehen, wo wir stehen geblieben sind. Sind wir stehen geblieben, um etwas Luft zu holen? Sind wir stehen geblieben, um uns zu orientieren? Haben wir eine Pause gemacht, um auch die anderen zu sehen und die Spuren zu betrachten, die sie hinterlassen?

Sind die Spuren deutlich sichtbar? Wer seine Spuren verwischt, möchte etwas ungeschehen oder ungesehen machen. Der Blick zurück muss nicht immer mit angenehmen Gefühlen begleitet sein. Gibt es einen Abschnitt in unserer Spur, den wir jetzt lieber verändern möchten? Unsere Spuren könnten etwas zertreten haben. Unsere Spur kann eine andere Spur kreuzen, obwohl wir das vielleicht gar nicht wollten. Was ist da geschehen?

Wir betrachten die Spuren der anderen. Wir haben sie nicht gemacht. Es sind fremde Wege, die andere gegangen sind. Sind es Spuren, die es lohnen, auch einmal gegangen zu werden?

Im ersten Petrusbrief werden wir aufgefordert, die Fußstapfen eines anderen nachzugehen. Geht das? Den Weg eines anderen nachzugehen? Ich lade Sie zu dem Versuch ein, sich die Spur eines anderen auszusuchen. Gehen Sie einmal in den Fußstapfen eines anderen. Ging er schnell? Ging sie langsam? Wo blieb er stehen? Welche Wege hat sie gekreuzt?

Zum Abschluss der Übung

In den Fußstapfen eines anderen gehen, das ist ganz wörtlich genommen das, wozu uns der Petrusbrief auffordert (1. Petrus 2,21):

Dazu seid ihr berufen, da auch Christus gelitten hat für euch und euch ein Vorbild hinterlassen, dass ihr sollt nachfolgen seinen Fußstapfen. 10–15

Wir gehen weiter bis ... *(kurze Wegbeschreibung).* Minuten

8. Wegstation: An einem Bach 10 Minuten

Diese Wegstation sollte an einem Bach, Flusslauf oder Seeufer liegen, bei dem das Wasser leicht zu erreichen ist.

Das Wasser lädt uns ein, unseren Füßen etwas Gutes zu tun. Wer mag, kann Schuhe und Strümpfe ausziehen und die Füße im Wasser baumeln lassen. Unsere Gedanken gehen noch einmal zurück zu unserem Weg. Wir sind auf diesen Füßen unterwegs gewesen. Das kühle Wasser tut vielleicht weh und es ist gut, die Füße aus dem Wasser herauszuziehen und sie ein wenig zu massieren.

Der Evangelist Lukas erzählt uns eine unglaublich schöne Geschichte von Jesu Füßen, die ich Ihnen gerne vorlesen möchte: Es bat ihn aber einer der Pharisäer, bei ihm zu essen. Und er ging hinein in das Haus des Pharisäers und setzte sich zu Tisch. Und siehe, eine Frau war in der Stadt, die war eine Sünderin. Als die vernahm, dass er zu Tisch saß im Haus des Pharisäers, brachte sie ein Glas mit Salböl und trat von hinten zu seinen Füßen, weinte und fing an, seine Füße mit Tränen zu benetzen und mit den Haaren ihres Hauptes zu trocknen, und küsste seine Füße und salbte sie mit Salböl. Als aber das der Pharisäer sah, der ihn eingeladen hatte, sprach er bei sich selbst und sagte: Wenn dieser ein Prophet wäre, so wüsste er, wer und was für eine Frau das ist, die ihn anrührt; denn sie ist eine Sünderin. Jesus antwortete und sprach zu ihm: Simon, ich habe dir etwas zu sagen. Er aber sprach: Meister, sag es! Ein Gläubiger hatte zwei Schuldner. Einer war fünfhundert Silbergroschen schuldig, der andere fünfzig. Da sie aber nicht bezahlen konnten, schenkte er's beiden. Wer von ihnen wird ihn am meisten lieben? Simon antwortete und sprach: Ich denke, der, dem er am meisten geschenkt hat. Er aber sprach zu ihm: Du hast recht geurteilt. Und er wandte sich zu der Frau und sprach zu Simon: Siehst du diese Frau? Ich bin in dein Haus gekommen; du hast mir kein Wasser für meine Füße gegeben; diese aber hat meine Füße mit Tränen benetzt und mit ihren Haaren getrocknet. Du hast mir keinen Kuss gegeben; diese aber hat, seit ich hereingekommen bin, nicht abgelassen, meine Füße zu küssen. Du hast mein Haupt nicht mit Öl gesalbt; sie aber hat meine Füße mit Salböl gesalbt. Deshalb sage ich dir: Ihre vielen Sünden sind vergeben, denn sie hat viel Liebe gezeigt; wem aber wenig vergeben wird, der liebt wenig. Und er sprach zu ihr: Dir sind deine Sünden vergeben. Da fingen die an, die mit zu Tisch saßen, und sprachen bei sich selbst: Wer ist dieser, der auch die Sünden vergibt? Er aber sprach zu der Frau: Dein Glaube hat dir geholfen; geh hin in Frieden!

LUKAS 7, 36-50

Wir können im Anschluss an das Vorlesen dieser biblischen Geschichte der Gruppe das Angebot machen, gemeinsam über die Geschichte ins Gespräch zu kommen.

Wenn wir der Gruppe nicht den nachfolgend beschriebenen Exkurs zur Fußwaschung anbieten wollen, gehen wir gemeinsam zurück zum Ausgangspunkt und verabschieden dort die Gruppe. 10–15 Minuten

Am Ausgangspunkt

5 Minuten

An dieser Stelle möchte ich mich von Ihnen verabschieden. Vielen Dank für Ihr Mitgehen und Ihre Beteiligung. Ich hoffe, es hat Ihnen gut getan. Zum Abschied und am Ende des gemeinsamen Weges möchte ich Ihnen ein Segenswort mitgeben, einen Segen, der uns noch einmal deutlich macht, welche Wege wir mit unseren Füßen gehen:

Geh deinen Weg.
Es wird deiner sein,
wohin immer er führt.

Lass dir Zeit, nachzudenken,
zu fragen, zu erinnern, abzuwägen.
Geh deinen Weg.
Überstürze dich nicht.
Lass dich nicht aufhalten.
Wenn möglich, geh nicht allein.
Wenn nötig, trenne dich.

Auf deinem Gesicht liegt der Glanz Gottes.
In deinem Herzen schlägt die Liebe Gottes.
Aus deinen Händen entstehen Wunder Gottes.
Deine Füße reichen weit
und sind tapferer als deine Pläne.
Deine Arme sind lang genug,
um wenigstens einen Menschen zu umarmen.

Geh mutig deinen Weg.
Auf dir ruht der Segen Gottes.

GERHARD ENGELSBERGER

Exkurs: Eine Fußwaschung:

Es ist ein verlockender Gedanke, im Rahmen einer spirituellen Wanderung eine Fußwaschung zu erleben. Wir haben unsere Wanderungen immer als offene Angebote gestaltet und waren mit Leuten unterwegs, die wir vor der Wanderung nicht oder nur wenig kannten. Darum haben wir eine Fußwaschung als Station oder als Abschluss unserer Wanderungen nie angeboten.

Einige Überlegungen zu der Fußwaschungsgeschichte und zum Rahmen einer solchen Station mögen unsere Zurückhaltung deutlich machen und zugleich vielleicht Anregung sein, Wanderern dieses »sakramentale« Geschehen anzubieten:

Vorlesetext: Die Fußwaschung

Und beim Abendessen, als schon der Teufel dem Judas, Simons Sohn, dem Iskariot, ins Herz gegeben hatte, ihn zu verraten, Jesus aber wusste, dass ihm der Vater alles in seine Hände gegeben hatte und dass er von Gott gekommen war und zu Gott ging, da stand er vom Mahl auf, legte sein Obergewand ab und nahm einen Schurz und umgürtete sich.

Danach goss er Wasser in ein Becken, fing an, den Jüngern die Füße zu waschen, und trocknete sie mit dem Schurz, mit dem er umgürtet war.

Da kam er zu Simon Petrus; der sprach zu ihm: Herr, solltest du mir die Füße waschen? Jesus antwortete und sprach zu ihm: Was ich tue, das verstehst du jetzt nicht; du wirst es aber hernach erfahren. Da sprach Petrus zu ihm: Nimmermehr sollst du mir die Füße waschen! Jesus antwortete ihm: Wenn ich dich nicht wasche, so hast du kein Teil an mir. Spricht zu ihm Simon Petrus: Herr, nicht die Füße allein, sondern auch die Hände und das Haupt!

Spricht Jesus zu ihm: Wer gewaschen ist, bedarf nichts, als dass ihm die Füße gewaschen werden; denn er ist ganz rein. Und ihr seid rein, aber nicht alle. Denn er kannte seinen Verräter; darum sprach er: Ihr seid nicht alle rein.

Als er nun ihre Füße gewaschen hatte, nahm er seine Kleider und setzte sich wieder nieder und sprach zu ihnen: Wisst ihr, was ich euch getan habe?

Ihr nennt mich Meister und Herr und sagt es mit Recht, denn ich bin's auch. Wenn nun ich, euer Herr und Meister, euch die Füße gewaschen habe, so sollt auch ihr euch untereinander die Füße waschen.

Ein Beispiel habe ich euch gegeben, damit ihr tut, wie ich euch getan habe.

Wahrlich, wahrlich, ich sage euch: Der Knecht ist nicht größer als sein Herr und der Apostel nicht größer als der, der ihn gesandt hat.

Wenn ihr dies wisst – selig seid ihr, wenn ihr's tut.

Das sage ich nicht von euch allen; ich weiß, welche ich erwählt habe. Aber es muss die Schrift erfüllt werden: »Der mein Brot isst, tritt mich mit Füßen.«

Jetzt sage ich's euch, ehe es geschieht, damit ihr, wenn es geschehen ist, glaubt, dass ich es bin.

Wahrlich, wahrlich, ich sage euch: Wer jemanden aufnimmt, den ich senden werde, der nimmt mich auf; wer aber mich aufnimmt, der nimmt den auf, der mich gesandt hat.

JOHANNES 13,1-20

Gedanken zur Fußwaschungsgeschichte:

»Nicht nur die Füße, sondern auch das Haupt«, sagt Petrus. Es ist ihm zu wenig, dass nur die Füße sauber sein sollen. Das Symbol und die Kraft der Fußwaschung sind ihm verborgen.

Für Petrus ist der Kopf wichtiger als die Füße. Da geht es ihm wie oft genug auch uns. Wir leben auch in einer Tradition, in der die Füße als nicht so wichtig angesehen werden.

Unsere Sprache weist uns da aber auf etwas ganz anderes hin: Wenn uns alle Möglichkeiten offen stehen, liegt alles vor unseren Füßen. Wenn wir etwas klar durchdacht haben, hat es Hand und Fuß. Wer viel Geld ausgibt, lebt auf großem Fuß, wer aus Angst davonläuft, hat kalte Füße bekommen, wenn wir jemanden beleidigen, treten wir ihm auf die Füße. Wer sich auf eine wackelige Angelegenheit einlässt, hat keinen festen Boden unter den Füßen.

Ich vermute, wir könnten die Redewendungen, in denen es um unsere Füße geht, noch lang fortsetzen. Mir kommt es so vor, als würde unsere Sprache geradezu ein Gegengewicht setzen zu unserer Grundannahme, dass doch der Kopf, dass das Denken das Wichtigste im Leben sei.

Auch die Bibel spricht diese Sprache der Füße:

Dein Wort ist unseres Fußes Leuchte, können wir da lesen, oder:

Du stellst meine Füße auf einen weiten Raum.
Alles hast du unter des Menschen Füße getan.
Er wird deinen Fuß nicht gleiten lassen, oder:
Ich lenke meinen Fuß zu deinen Mahnungen.

Die Füße sind die Basis, die Verbindung zum Boden, die Voraussetzung »aufrecht zu gehen«.

Mit den Worten »gehen«, »stehen« oder »Füße« ist viel verbunden, was wir über Menschen aussagen können. Und so stehen für Jesus die Füße für den ganzen Menschen. Wer sich um die Füße eines Menschen kümmert und einem anderen die Füße wäscht, der nimmt sich des ganzen Menschen an.

Und zugleich ist es Sklavenaufgabe und Frauenaufgabe, die Füße zu waschen. Diese Aufgabe, diese Rolle übernimmt Jesus. Er stellt die Welt auf den Kopf, wo er sich um die Füße seiner Freunde kümmert.

Die Geschichte von der Fußwaschung steht im Johannesevangelium an der Stelle, an der uns die anderen Evangelisten von der Einsetzung des Abendmahls berichten. Dass es bei der Fußwaschung tatsächlich um ein sakramentales Geschehen geht, zeigen zwei Sätze Jesu: »Wenn ich dich nicht wasche, so hast du kein Teil an mir«, sagt Jesus zu Simon und gibt dann die Anweisung: »Ein Beispiel habe ich euch gegeben, damit ihr tut, wie ich euch getan habe.«

Es geht bei der Fußwaschung um Teilhabe an Jesus, ganz wie in der Tradition des Abendmahls. Vielleicht ist aus der Tradition der Fußwaschung bei uns nie ein Sakrament geworden, weil die Fußwaschung so klar und unmissverständlich die Umkehrung der Herrschaftsverhältnisse und die Teilhabe an Christus verbindet?

Und dann ist da ja immer noch die Geschichte von der Prostituierten. Sie »trat von hinten zu Jesu Füßen, weinte und fing an, seine Füße mit Tränen zu benetzen und mit den Haaren ihres Hauptes zu trocknen, und küsste seine Füße und salbte sie mit Salböl.«

Was geschieht mit unseren Sakramenten, wenn sie diesen erotischen Beigeschmack bekommen?

Die Frage ist ernst gemeint!

Ist hier ein anderer gemeint als der Christus aus dem Glaubensbekenntnis von Nizäa-Konstantinopel, von dem wir im Gottesdienst sagen:

»Wir glauben ... an den einen Herrn Jesus Christus ... für uns Menschen und zu unserem Heil ... hat er Fleisch angenommen ... und ist Mensch geworden«?

Gedanken zum Rahmen einer Fußwaschung

Mit einer Gruppe, deren Mitglieder sich kennen, am Ende eines Pilgertages oder bei mehrtägigen meditativen Wanderungen können wir uns eine Fußwaschung im Rahmen unserer »spirituellen Wanderungen« vorstellen.

Es ist ein gottesdienstlicher Rahmen, der hier zu den meditativen, körperorientierten Stationen unserer Wanderung hinzutritt. Nach allen Erfahrungen, die wir auf unseren Wanderungen machen konnten, ist das ein neuer Aspekt. Er sprengt das Angebot einer Besinnung auf den eigenen Körper, auf den Weg und auf einzelne biblische Texte. Wo wir eine Fußwaschung anbieten und vollziehen, betreten wir heiligen Boden. Es war eine Entscheidung oder ein Prozess in der Geschichte unserer Kirchen, dass die Fußwaschung heute nur eine marginale Rolle in den gottesdienstlichen und sakramentalen Handlungen der Kirchen spielt. Eine Ausnahme sind hier die katholischen Gottesdienste am Gründonnerstag. Zum Beispiel wäscht in unserer unmittelbaren Nachbarschaft, im Kloster Ettal, der Abt des Klosters am Gündonnerstag im Gottesdienst die Füße von einfachen Gemeindegliedern.

Wo wir beginnen, diese Marginalität mit einer Handlung zu füllen, und wo wir diese Handlung (man beachte das Wort »Handlung«: Es meint hier »Hand am Fuß«) nach den Erfah-

rungen unserer Wanderung oder unseres Pilgerwegs ganz ernst nehmen, passiert etwas Neues in der Geschichte der Kirchen: In der Gemeinde Jesu Christi anderen die Füße zu waschen ist realer Anteil an Jesus Christus.

Zu einer Fußwaschung sind uns auch Einsetzungsworte mitgegeben.

»Wenn nun ich, euer Herr und Meister, euch die Füße gewaschen habe, so sollt auch ihr euch untereinander die Füße waschen.

Ein Beispiel habe ich euch gegeben, damit ihr tut, wie ich euch getan habe.

Wahrlich, wahrlich, ich sage euch: Der Knecht ist nicht größer als sein Herr und der Apostel nicht größer als der, der ihn gesandt hat«, sagt Jesus (Johannes 13,14-16).

Einen heiligen Boden betritt man nur barfuß, vorsichtig, ohne Macht. Ohne den Anspruch, hier etwas Neues, Richtiges, Nachahmenswertes zu machen. Was wir tun, ist eine Verdichtung der Erfahrungen unserer Wanderungen und vor diesem Hintergrund ein neues Hören auf die Zeugnisse unserer Bibel.

Zu den Quellen

Diese Wanderung zu den Quellen nähert sich unseren geistigen und geistlichen Quellen, die wir zum Leben brauchen, indem uns der Weg in Richtung ganz realer Quellen führt. Es eignet sich ein Weg,

- *der sich an einem Bach oder Flusslauf entlangzieht – (flussaufwärts, der Quelle entgegen),*
- *der uns zu einer Quelle führt,*
- *der immer wieder auf Wasserläufe trifft, Seen umrundet, über Brücken führt.*

Der Weg sollte abwechseln zwischen dem freien Blick über die Landschaft und dem Blick auf ein Gewässer. Für manche der Übungen ist es gut, das Wasser leicht erreichen zu können, damit wir wenigstens mit der Hand hineingreifen können.

Der Weg zu unseren Quellen kann als Sommer- oder Winterwanderung durchgeführt werden. Wer für die Übungen beispielsweise in der Fastenzeit Wasser in einer Flasche mitnehmen möchte, muss das den TeilnehmerInnen in der Veranstaltungsankündigung mitteilen.

Bei dir ist die Quelle des Lebens (Psalm 36,10) heißt die Metapher, die uns auf dem Weg begleitet. Quelle des Lebens nur als ein geistliches Bild zu verstehen entspräche nicht dem Verständnis der Psalmen.

Zur Assoziationskette, mit der der Psalm auf das Bild »Quelle des Lebens« zuläuft, gehören »getränkt werden« und »gesättigt werden«. Es geht um ganz konkrete Quellen, die wir zu unserem Leben brauchen. Das legt nahe, neben eine metaphorische Auslegung, die nicht fehlen wird, ganz konkret Essen und Trinken zu stellen. In der Einladung zur Wanderung sollte darauf gegebenenfalls auch hingewiesen werden, damit nicht das Bild der Quelle des Lebens in ein kümmerliches Picknick mündet.

Die Gedanken zum Psalm zielen auf Möglichkeiten spiritueller Wege. Satt werden bekommt so eine geistliche Konnotation. Man kann die Wanderung auch gut in eine Fastenzeit legen. Für diese Möglichkeit entstand anstelle der Wegstation »Gemeinsam essen und trinken« die Alternative »Wegstation in der Fastenzeit«.

Die 8. Wegstation der Wanderung »Der Fußweg« (Wegstation an einem Bach) kann auch in diese Wanderung eingebaut werden.

Am Ausgangspunkt

5 Minuten

Am vereinbarten Treffpunkt wird die Gruppe kurz begrüßt und an das Thema herangeführt.

Liebe ...

Zu unserer heutigen spirituellen Wanderung »Zu den Quellen« möchte ich Sie ganz herzlich willkommen heißen. Ich darf mich kurz vorstellen ... *(wenn nötig).*

Wir gehen heute einen bestimmten Weg miteinander. Wir gehen diesen Weg als Gemeinschaft *(falls die Gruppe sich nicht kennt, ist hier Gelegenheit für eine Vorstellungsrunde).*

Heute werden wir unser Augenmerk besonders auf Quellen, auf Wasser, auf das, was bei uns in Fluss kommen kann, richten. An manchen Stellen werde ich mit Ihnen stehenbleiben und mit ein paar Gedanken, einem Bibelwort oder einem Gedicht die Eindrücke noch etwas vertiefen. Dazwischen gehen wir immer wieder ein ganzes Stück miteinander weiter, sodass die Möglichkeit besteht, auch untereinander ins Gespräch zu kommen.

Es sind Verse aus dem 36. Psalm, mit denen wir uns auf den Weg machen:

> Herr, deine Güte reicht, so weit der Himmel ist,
> und deine Wahrheit, so weit die Wolken gehen.
> Deine Gerechtigkeit steht wie die Berge Gottes
> und dein Recht wie die große Tiefe.
> Herr, du hilfst Menschen und Tieren.
> Wie köstlich ist deine Güte, Gott, dass Menschenkinder
> unter dem Schatten deiner Flügel Zuflucht haben!
> Sie werden satt von den reichen Gütern deines Hauses,
> und du tränkst sie mit Wonne wie mit einem Strom.
> Denn bei dir ist die Quelle des Lebens,
> und in deinem Lichte sehen wir das Licht.
> PSALM 36, 6-10

15 Minuten Wir gehen nun entlang des Flusses / Baches ein Stück flussaufwärts *(je nach örtlicher Gegebenheit entsprechend abwandeln)*.

3 Minuten 1. Wegstation: Gedanken zum Weg

Zur ersten Wegstation bleiben wir nach ca. 15 Minuten gemeinsamen Weges stehen.

Wir sind nun schon eine ganze Weile flussaufwärts in Richtung Quelle gegangen.

Das Besondere an unserem Weg zur Quelle ist, dass jede und jeder, der losgeht, ICH sagen muss. ICH habe Durst. ICH gehe den Weg zu einer Quelle. Das sind wir nicht gewohnt. Am wenigsten sind wir es in den Kirchen gewohnt, ICH zu sagen. Dort, wo viele sind, dort scheint es auch gut zum Leben zu sein. Wir sind die Kirche. Wir kommen zusammen. Wir sind das Schiff, das sich Gemeinde nennt. Dieses Schiff kann uns stromaufwärts bringen auf die Quelle zu, doch für das letzte Wegstück müssen wir aussteigen aus dem Schiff und alleine gehen: ICH gehe ...

Wo wir das Wort Spiritualität verwenden, da ist immer dieses letzte Wegstück zur Quelle gemeint. Es ist ein guter Test für alles, was sich Spiritualität oder spiritueller Weg nennt, wenn man danach fragt, ob man den Weg zur Quelle alleine gehen wird, ob man sagen darf: ICH gehe diesen Weg. Alles »Du musst« und »Du sollst« fällt dann ab. Ein guter spiritueller Lehrer wird sagen: Dort ist ein Weg – vielleicht ist das deiner. Er wird den Weg nicht mitgehen – er wird warten, bis jemand den Weg zurückkommt.

ICH gehe meinen Weg zu den Quellen des Lebens. Das ist der Anfang eines Wegs in die Einsamkeit. Es ist der Weg des Elia auf den Berg. Es ist der Weg Jesu in die Wüste. Es ist der Weg der Mönche in die Einsiedelei. Es ist ein riskanter Weg, weil wir mit uns allein sind. Erst im Alleinsein können wir unsere Bedürfnisse spüren. Und erst dann werden wir erfahren, wo die Quelle unseres Lebens ist.

Vielleicht empfinden wir es als angenehm, endlich allein zu sein – und zugleich haben wir Sehnsucht nach einem Freund. Dann könnte es zur Quelle des Lebens führen, wenn man beides ernst nimmt. Der bewusste Wechsel aus Alleinsein und einer Gemeinschaft kann eine Quelle unseres Lebens sein.

»Das ist mein Weg«, kann man dann vielleicht sagen. Es wird sich zeigen, wenn man sich aufmacht.

Wir machen uns nun auf und gehen bis ... *(kurze Wegbeschreibung).* 10–20 Minuten

7 Minuten

2. Wegstation: Körperübung

Die Stelle, die wir zum Stehenbleiben für diese Körperübung auswählen, sollte einen weiten Blick über die Landschaft ermöglichen.

Mit unserem Atem kann sich auch unsere Wahrnehmung verändern. Ich lade Sie ein, das auszuprobieren.

An diesem Punkt unseres Weges haben wir einen weiten Blick über die Landschaft. Suchen Sie sich einen Ort, an dem Sie den Ausblick genießen können. Es ist Ihr Blick über das Land.

Stellen Sie sich sicher und bequem auf beide Füße. Die Arme lassen wir ganz locker herunterhängen. Lassen Sie ein wenig die Schultern kreisen,

– nach vorne,

– nach hinten.

So können wir sie nach einer Weile ganz locker hängen lassen.

Unser Atem geht nach dem letzten Wegstück nun schon wieder ruhig. Wir atmen ein. Wir atmen aus. Den Rhythmus gibt uns unser Körper vor. Achten Sie auf diesen Rhythmus. Es ist Ihr Rhythmus. Das sind Sie.

Der Blick ist dorthin gerichtet, wo Sie jetzt gerne hinschauen wollen. Sie spüren den Boden unter den Füßen. Der Atem geht und kommt. Er weht hinaus in die Landschaft. Er kommt aus der Landschaft zu Ihnen.

Manchmal ändert sich mit unserem Atem auch unsere Wahrnehmung.

Sie ist beim Einatmen anders als beim Ausatmen.

Beim Ausatmen wird der Blick klarer. Die Farben werden intensiver.

Achten Sie auf das Einatmen ...

Und dann wieder auf das Ausatmen ...

Atmen Sie noch einmal tief ein und aus ...

und wenn Sie genug von Ihrem Ausblick eingeatmet haben, kehren Sie zurück aus der Weite der Landschaft, an den Ort, auf dem Sie stehen.

Nehmen Sie den Boden unter den Füßen wahr und stampfen Sie zum Abschluss fest auf: Hier stehe ich, von hier aus gehe ich weiter.

Wir gehen nun weiter ... *(kurze Wegbeschreibung).* 15 Minuten

3. Wegstation: Gedanken zum Psalm

5 Minuten

Der Weg führt uns weiter flussaufwärts oder im Bereich eines Quellgebiets entlang. Nach ca. 15 Minuten Fußweg bleiben wir stehen, lesen noch einmal Psalm 36 vor (siehe Seite 80) und vertiefen den Psalm:

Himmel – Wolken – Berge – große Tiefe – Schatten – satt werden – getränkt werden – Strom – Quelle – Leben.

Die eben gehörten Psalmverse umkreisen das Element Wasser. Wir bekommen das Wort Wasser gar nicht zu hören. Trotzdem taucht vor meinem inneren Auge ein gurgelnder Bach in den Bergen auf. Dorthin führt uns der Psalm. Es geht immer flussaufwärts. Der Weg zur Quelle ist ein Weg nach oben. Und doch ist dieser Weg ganz bodennah. Er beginnt mit einem Blick über Meer und Himmel. Irgendwo, weit da draußen am Horizont scheinen beide aufeinander zu treffen.

Wer am Meer steht und über das Wasser blickt, versinkt manchmal in der Weite, die sich dem Blick bietet. Die Gedanken ziehen vorbei wie die Wolken am Himmel und die Zeit scheint stillzustehen. Wer wieder ins Leben eintauchen will, muss dem Zauber dieses Anblicks den Rücken kehren, muss den Weg der Flüsse rückwärts gehen.

Zunächst geht es noch eben dahin, wo wir an Strömen und Flüssen entlanggehen. Wir merken kaum den stetigen Anstieg. Erst wenn die Flüsse schmäler werden, wenn sie zu Bächen werden, wenn wir uns der Quelle nähern, wird der Weg steiler. Es kann anstrengend werden, zur Quelle zu gelangen *(diesen Satz entsprechend der Situation abwandeln).*

Es ist ein großartiges Bild von Gott und den Menschen, das der Psalm entwirft. Es gibt keinen Teil der Erde, an dem Gott nicht wäre. Macht sich aber ein Mensch auf, um von Gott etwas zu bekommen, weisen uns die Psalmverse einen ganz eigenen Weg:

Es ist ein Weg gegen den Strom.
Es ist ein Weg aufwärts.
Es ist ein Weg, der immer schmaler wird.
Es ist ein Weg in die Einsamkeit.

10–20 Minuten Wir gehen nun weiter ein Stück flussaufwärts (bzw. zu den Quellen).

15 Minuten

4. Wegstation: Rituale, Körperübung zum Alleinsein, Segensritual

Für diese Station suchen wir eine Stelle am Bachlauf / Flusslauf, an der man gut stehen bzw. sitzen kann und an der auch genügend Platz ist, um die Körperübung zum Thema Alleinsein mit der Gruppe durchzuführen.

Als Quellen des Lebens können wir auch die Rituale in unseren Kirchen verstehen. Manche dieser Quellen müssen wir allerdings erst wieder auftauen, zugänglich machen oder vom Unrat befreien, der sie verstopft. Erst dann können sie wirklich Durst stillen.

Die Quelle ist schon noch da, aber sie ist über die Jahrhunderte verschüttet oder schwer zugänglich geworden. Andere sprudeln dafür heute wieder mehr.

Die Elemente Wasser, Brot und Wein sind die Symbole unserer beiden Sakramente Taufe und Abendmahl. Waschen, Essen und Trinken. Alle drei gehören notwendig zu unserem Leben. Essen und Trinken findet am Besten in einer Gemeinschaft statt. Das Waschen ist dagegen etwas ganz Intimes, bei dem wir alleine sind.

Körperübung am Wasser: Allein mit mir

Das Element Wasser lädt uns dazu ein, alleine zu sein. Wer möchte, kann dieser Einladung einige Minuten folgen.

Am Wasser zu sitzen kann ein ganz waches Versinken sein. Ich suche mir einen Platz ganz für mich alleine. Mein Blick richtet sich auf das Wasser. Es ist gut, hier zu sein. Es ist nichts zu tun.

Auch der Zeitpunkt, wann wir weitergehen, braucht meine Gedanken nicht zu stören. Ein Zeichen *(ein kleiner Gong oder eine Klangschale ist schön, um den Beginn bzw. das Ende einer solchen Übung anzuzeigen)* wird mich zurückholen aus meinem »Mit-mir-Sein«.

Wo es je nach Ort und Jahreszeit möglich ist, mit den Händen oder Füßen das Wasser zu berühren, kann die Einladung auch das beinhalten: die Füße ins Wasser baumeln zu lassen, die Hände ins Wasser zu halten, mit dem Wasser zu spielen, sich mit dem Wasser zum Abschluss der Übung Gesicht oder Hände zu waschen.

Ein kleines Ritual: Segen weitergeben

Dieses kleine Segensritual kann sich an die Körperübung »Allein mit mir« anschließen oder direkt im Anschluss an die Überlegungen zum Thema Rituale gestaltet werden.

Eine Quelle des Lebens, die bis heute sprudelt, ist der Segen Gottes. Wo wir Gottes Segen empfangen, müssen wir gar nichts tun. Wir spüren eine Hand, ein Kreuzzeichen und dürfen unseren Weg mit der Gewissheit weitergehen, dass auch wir von der Quelle des Lebens getrunken haben – und dass wir wiederkommen dürfen. Es ist das Faszinierende an einer Quelle, dass sie immer weiter vor sich hin sprudelt. Völlig egal, ob ich nun gerade Wasser brauche oder nicht. Nur hingehen muss ich schon selbst – immer wieder, wenn ich Durst habe, ein ganzes Leben lang.

Das Wasser ist ein Zeichen des Lebens. Darum gibt es in den katholischen Kirchen Weihwasser. Das Wasser und der Segen sind verbunden zu einem Symbol.

Wenn Sie möchten, können Sie sich gegenseitig ein Segenszeichen geben. Lassen Sie sich dazu ein Kreuz in die Handfläche oder, wenn Sie mögen, vielleicht auch auf die Stirn zeichnen.

Sie können das Segenszeichen auch mit einem der folgenden Sätze weitergeben: »Bei Gott ist die Quelle des Lebens«, »Eine Quelle des Lebens«, »Für dich«. Sie können aber auch mit Ihren eigenen Worten formulieren, was Sie dem anderen zusammen mit dem Segens-
10–20 zeichen mit auf den Weg geben möchten.

Minuten Wir gehen nun weiter bis ... *(kurze Wegbeschreibung).*

5. Wegstation: Gemeinsam essen und trinken

mindestens 30 Minuten

Für diese Wegstation bietet sich eine größere Wiese an, wo die Gruppe genügend Platz hat, um sich zum Essen und Trinken zu lagern.

Von einer Quelle werden wir genährt und getränkt. Das Besondere an einer Quelle ist der Überfluss, mit dem sie hervorkommt. Sie bringt hervor, ohne zu fragen, wie viel von ihrem Wasser gebraucht wird.

Essen und Trinken ist eine Quelle unseres Lebens. Wo wir gemeinsam essen und trinken und unser Mitgebrachtes zusammentun, entsteht auch etwas Überfließendes. Wir nehmen von einem solchen Essen mehr mit als nur die schlichte Tatsache, dass wir satt werden.

Auf einem großen Tuch tragen wir unser Mitgebrachtes zusammen und stellen uns dann im Kreis drumherum.

Vorlesetext:

Essen hält Leib und Seele zusammen, heißt es in einem volkstümlichen Sprichwort. Gerade so als könnten Leib und Seele auseinanderfallen. Was sind wir? Mehr Leib, wenn wir essen – mehr Seele, wenn wir in die Kirche gehen? Wir sind beseelte Leiber. Wo wir uns um unseren Leib kümmern, pflegen wir auch unsere Seele. Leibsorge ist Seelsorge. Doch wie geschieht das?

Ist nicht die Nahrung für den Leib, ein gutes Wort für die Seele da?

Wer trauert, wem die Tränen aufsteigen, der kennt das Gefühl, dass es im Hals ganz eng wird. Die Kehle schnürt es einem zu. Es kommt kaum mehr genug Luft zum Atmen durch. Und wer trauert, mag auch nichts essen. Auch die Nahrung mag nicht durch die Kehle passen. Ganz nah rücken dann Essen, Atmen, die zugeschnürte Kehle und die traurige Seele zusammen.

Für die Menschen, deren Geschichten wir im Alten Testament aufgezeichnet finden, war dieser Zusammenhang so eng, dass sie dasselbe Wort hatten für die Seele und die Kehle. »Näfäsch« sagten sie für beides – für Seele und für Kehle.

Immer klingt beides mit, wie im Psalm 107, 8: Alle sollen dem Herrn danken für seine Freundlichkeit und für seine Wunder, die er an den Menschen tut, denn er sättigt die durstige näfäsch und die hungrige näfäsch füllt er mit Gutem ... denn er sättigt die durstige Kehle und die hungrige Kehle füllt er mit Gutem ... denn er sättigt die durstige Seele und die hungrige Seele füllt er mit Gutem ...

Gesegnete Mahlzeit!

Sagen Sie der Gruppe, wie lange etwa man an dieser Stelle zum Essen und Trinken zusammenbleiben will, und vereinbaren Sie ein Zeichen zum gemeinsamen Zusammenpacken und Aufbruch. Wie lange man sich für diese Station Zeit nimmt, hängt ganz von der Zusammensetzung der Gruppe, Jahreszeit etc. ab.

3 Minuten

6. Wegstation: Der Weg zurück

Auf dem Weg zurück zum Ausgangspunkt der Wanderung halten wir noch einmal an einer schönen Stelle inne, um das Erlebte zusammenzufassen:

Der Weg zu den Quellen, die uns leben lassen, führt uns wieder zurück in unseren Alltag. Habe ich eine Quelle gefunden?

Wir hatten zu Anfang gesagt, dass der Weg zu einer Quelle ein schwieriger Weg sein kann, ein Weg, der uns an fast unzugängliche Stellen führen kann, es kann ein riskanter Weg sein.

Den gefährlichsten Punkt des Weges hat erreicht, wer seine Quelle gefunden hat. Hier ist die lang ersehnte Quelle, die mein Leben speisen kann. Hier wird der Durst gestillt.

Über dem Wunderbaren dieses Ortes das Leben zu vergessen, darin liegt die Gefahr. Wer hier bleibt, ist wie jemand, der am Tisch sitzen bleibt und immer weiter isst, oder wie jemand, der nach dem notwendigen Schlaf nicht mehr aus dem Bett aufsteht.

Es ist gut zu wissen, wo meine Quellen sind.

Es ist mein Weg dorthin.

Jetzt kenne ich den Weg.

Ich brauche hier nicht zu bleiben.

Ich kann wiederkommen.

Wir gehen nun gemeinsam zurück zum Ausgangspunkt unserer Wanderung, wo wir uns voneinander verabschieden.

Am Ausgangspunkt 5 Minuten

Am Ausgangspunkt verabschieden wir die Gruppe und runden die gemeinsame Wanderung mit einem Segenswort ab.

An dieser Stelle möchte ich mich von Ihnen verabschieden. Vielen Dank für Ihr Mitgehen und Ihre Beteiligung. Ich hoffe, es hat Ihnen gut getan. Zum Abschied und am Ende des gemeinsamen Weges möchte ich Ihnen ein Segenswort mitgeben, das von den Quellen unseres Lebens spricht:

Du gott des lebens
unsres lebens
auf dieser erde

segne uns
mit dem vertrauen
dass du uns
begleitest
auf unserm weg

im durst
zur quelle

im dunkel
zum licht

im tod
zum leben

amen

KATJA SÜSS

Alternative bzw. zusätzliche Wegstationen zur Wanderung »Zu den Quellen«

Im Winter

3 Minuten

Im Winter ist eine Wanderung zu einer Quelle schon ein Stück schwieriger als im Sommer:

An manchen der Quellen sehen wir jetzt im Winter nur Eis, das den Boden überzieht. Das sieht bizarr und oft wunderschön aus. Doch das Leben-Spendende der Quelle, das Gluckern des Wassers, die grünen Pflanzen und Moose rund um die Quelle, das sehen wir nicht.

Dort, wo es zu kalt wird, erstarrt das Leben spendende Wasser. Eine vom Frost erstarrte Quelle ist kein Ort der Zuflucht, ist kein Ort, an dem man satt wird und zu trinken bekommt.

Manchmal sehen wir noch ein dünnes Rinnsal unter dem Eis durchfließen oder wir hören es ganz leise plätschern. Ein paar Luftblasen schieben sich unter dem Eis dahin.

Wenn wir im Winter von dem Leben-Spendenden einer zugefrorenen Quelle etwas abbekommen wollen, dann müssen wir nicht nur wissen, wo die Quelle ist, wir müssen uns an der Quelle richtig zu schaffen machen, müssen uns von dem Eis etwas abschlagen und schmelzen. Erst dann spendet die Quelle wieder Leben.

An alten Herden auf Bauernhöfen ist noch eine solche Vorrichtung eingebaut, in der man Schnee und Eis wieder zu Leben spendendem Wasser machte. Wasserschiff nennt man dieses Auftaugefäß.

mindestens 10 Minuten

Im Winter: Eis, Licht und Landschaft – eine Spielstation

An einer Stelle, an der wir Eisstücke oder kleine Eisschollen abbrechen können, machen wir Halt. Es kann eine zugefrorene Pfütze sein oder Eis vom Rand eines Bachs ... Bevor wir an dieser Station Impulse geben, warten wir, was die TeilnehmerInnen mit den Eisstücken machen. Es ist ein ungewohntes Material, wenn wir es in Händen halten. Darum lädt es auch zum Experimentieren ein, zum Durchschauen, zum Zerbrechen, zum Werfen, zum Anhauchen, zum Schmelzen ...

Man kann das Spielen und Experimentieren der TeilnehmerInnen mit dem Eis beispielsweise folgendermaßen aufgreifen:

Mit den Eisstücken, die wir abbrechen, können wir spielen. Wo das Wasser gefroren ist, können wir es mit Händen greifen. Wir können es ohne ein Gefäß wegtragen. Durch das Eis fällt Licht hindurch. Verschwommen erkennt man die Landschaft hinter der Eisplatte. Vielleicht schmelzen wir mit unseren warmen Händen kleine Löcher in eine dünne Eisplatte. Manchmal kann man vorsichtig zwei Eisplatten aneinanderfrieren lassen.

Wo wir das Eis in einer Reihe in den Schnee oder in den Boden stecken, entsteht eine künstliche Linie in der Landschaft. Die Übergänge von Natürlich und Künstlich werden fließend. Wir geben dem gefrorenen Wasser einen neuen Ort. Wir machen etwas Künstliches. Wir machen Kunst. Gemeinsam geben wir dem Wasser eine neue Form.

Vielleicht heben wir das Eis auch hoch, weg vom Boden. Ein Strauch, der im Winter ohne Blätter dasteht, bekommt von uns Blätter aus Eis. Vorsichtig stellen wir Eisstücke zwischen die Zweige. Auch das sieht künstlich aus und ist doch nur Wasser an einem anderen Ort.

Was aus unseren Eisstücken geworden ist, betrachten wir noch eine Weile. Wir nehmen das Bild in uns auf, das entstanden ist. Es ist etwas Einmaliges geworden und mit dem nächsten Tauwetter, mit dem nächsten Windstoß wird es wieder verschwinden.

Wir können das Wasser, die Quelle nicht aufhalten. Nur kurz können wir etwas von ihr in Händen halten, können für uns etwas daraus entstehen lassen.

In der Fastenzeit

Vor dem Losgehen: Wasser mitnehmen

Körperliche Anstrengung ist immer ein subjektives Empfinden. Anstrengung beim Fasten ist dazu noch eine Empfindung in einer Ausnahmesituation, in der wir unsere Grenzen kaum kennen. Wer für eine Weile ganz auf das Essen verzichtet, erfährt sich und seinen Körper ganz neu. Manchmal sagen Menschen in diesen Tagen von sich, sie hätten erstaunlich viel Kraft.

Wo wir eine Gruppe anleiten, können wir dieses subjektive Empfinden kaum einschätzen. In Gruppen mit Kurgästen, die sich zu einer Fastenkur entschlossen haben, waren eineinhalb Stunden Gehzeit für alle TeilnehmerInnen zu bewältigen. Absprachen mit dem Arzt, der das Fasten begleitet, und genaue Information über Länge und Verlauf des Weges sind für die TeilnehmerInnen notwendig. Wir sind ganz bewusst denselben Weg an einem Bach entlang bis zu einer Quelle und wieder zurück gegangen. So bestand immer die Gelegenheit, dass Einzelne umdrehen und sicher zurückgehen konnten. Andere haben auf einer Bank gewartet, dass die Gruppe sie auf dem Rückweg wieder mitgenommen hat, oder sind langsam den Weg zurückgegangen, bis sie wieder eingeholt wurden.

Wer fastet, verzichtet eine Weile auf eine bestimmte Quelle seines Lebens. Damit steigt der »Wert« dieser Quelle. Wir können auf vieles verzichten. Nur auf Wasser können wir nicht verzichten. Auf unseren Weg nehmen wir nichts mit als eine Flasche Wasser für jeden.

mindestens 10 Minuten

Station in der Fastenzeit: Körperübung: Das Wasser genießen

Für diese Übung stellen wir uns bequem auf beide Füße. Die Flasche mit dem Wasser schrauben wir auf und stellen sie neben uns auf den Boden.

Wir spüren den Boden unter den Füßen. Wir spüren, wo unsere Füße den Boden berühren. Wir beginnen ganz langsam, mit der Hüfte eine »Acht« zu malen.

Wir achten auf die Bewegung der Hüfte.

Ganz langsam wird unsere »Acht« ein bisschen größer. Die Füße gleichen unsere »Acht« ganz von selbst aus. Die Zehen. Die Fersen. Die Füße gehen die »Acht« auf ihre Weise mit. Unser Kontakt zum Boden ist ganz sicher.

Unsere Hüften malen weiter ihre »Acht«. Aus den Fußsohlen wachsen uns ganz dünne Wurzeln. Sie schieben sich langsam in die Erde. Die Wurzeln geben uns Halt. Sie verbinden unsere Füße mit der Erde. Unsere Wurzeln verbinden uns mit der Erde.

Sie werden länger und dicker. Unsere Wurzeln schieben sich nach unten voran und breiten sich aus. Immer weiter schieben sie sich durch die Erde. Vorbei an Steinen und Felsen. Immer weiter. Viele Meter tief. Und viele Meter im Radius um uns herum. Ganz fest stehen wir mit unseren Wurzeln, während unsere Hüften weiter ihre »Acht« drehen.

Und dann erreichen unsere Wurzeln das Wasser. Klares, kühles Wasser. Tief in der Erde.

Das Wasser steigt durch die Wurzeln auf. Es erfrischt und nährt uns.

Wir nehmen das Wasser auf. Und wenn wir genug Wasser in uns aufgenommen haben, ziehen wir die Wurzeln ganz langsam wieder ein. Vorbei an Steinen und Felsen holen wir sie herauf aus der Tiefe, holen wir sie zurück aus dem Umkreis um uns herum.

Wir achten auf die Bewegung unserer Hüften. Wir achten darauf, weiter fest zu stehen. Wir holen unsere Wurzeln ein.

Die »Acht« der Hüfte wird kleiner und hört ganz auf.

Wir spüren den Boden unter den Füßen. Wir stehen ganz sicher. Vorsichtig nehmen wir die Flasche mit dem Wasser auf, spüren das Gewicht der Flasche. Und langsam lassen wir ein paar Tropfen Wasser in unsere freie Hand laufen. Es ist kühles, erfrischendes Wasser.

Wer mag, kann sich das Wasser über das Gesicht tropfen lassen, die Tropfen spüren, wie sie über die Haut rinnen.

Wer Durst hat, kann einen kleinen Schluck von dem Wasser trinken, es im Mund behalten, die Kühle spüren, es hinunterschlucken und noch einen Schluck nehmen.

Lassen Sie es sich gut gehen. Es ist Ihr Wasser!

Slow Go – Wanderung für Langsam-Geher

Wie Slow Go entstand

Die Wanderungen für Langsam-Geher entstanden in der Arbeit mit PatientInnen einer Kur- und Reha-Klinik. Ganz oft fragten PatientInnen: »Kann ich da noch mit?« Oder sie sagten resigniert: »Schade, vor einem Jahr wäre das noch gegangen.« Das Stichwort »Slow Goes« aus einem Vortrag über AltenheimbewohnerInnen gab dann die zündende Idee:

Es gibt Menschen, die nur noch langsam gehen können. Aber sie können gehen. Wir brauchen uns nur auf sie einzustellen und müssen den Weg ihren Möglichkeiten gemäß auswählen. Das wollten wir ausprobieren. Aber was heißt schon Slow Go? Was ist langsames Gehen? Wir setzten ganz unten an. Rollstuhlfahrer, »No Goes«, sollten mitkommen können und PatientInnen, die nur mit einem Rollator sicher gehen können. Also musste es ein ebener, gut befestigter Weg sein. An den geplanten Wegstationen sollte eine Bank stehen und wir wollten maximal eine Stunde unterwegs sein. Die Planung war schwierig, der Weg wurde immer kürzer. Zuletzt wurde ein etwa ein Kilometer langer Weg gewählt. »Dafür eine Stunde? Ist doch ein Witz!«, schoss es mir durch den Kopf. Doch dann war es genau richtig. Der Erfolg war völlig unerwartet. Als »Slow Goes« hatten sich zehn Prozent der Hausgäste eingestuft, aus den verschiedensten Gründen: es gab Gehbehinderte mit Krücken oder Rollator, es gab ältere Menschen, die unsicher zu Fuß waren, es gab Herz-Kreislauf-PatientInnen, die sich behutsam bewegen sollten, und es gab vor allem Leute ab etwa 30 Jahren, die das Stichwort »langsam gehen« gelockt hatte. Die meisten TeilnehmerInnen aus dieser letzten Gruppe hätten leicht eine »nor-

male« zweistündige Wanderung machen können. Doch ihre Selbsteinschätzung ließ sie davor zurückschrecken. Ganz von selbst orientierten sich die schnelleren GeherInnen an den Langsamsten der Gruppe.

Es ist gut, zu den angegebenen Zeiten der Stationen noch jeweils einige Minuten zum Ausruhen zuzugeben.

Vorbereitung

Die Zielgruppe dieser Wanderung sind Menschen, die sich weite Wege und Wanderungen nicht zutrauen. Es wird langsam vorangehen auf dieser Wanderung. Der Weg für eine Slow-Go-Wanderung ist für einen Normal-Geher ganz kurz.

Wir haben etwa einen Kilometer geplant. Der Weg muss flach sein und sollte möglichst geteert oder eben sein. Schotterige oder unebene Stücke sind für unsichere Geher (Slow-Goes) nicht geeignet.

Auf dem Weg sollten an den geplanten Wegstationen Sitzgelegenheiten sein.

Die Wegstation »Umwege« an einer Wegkreuzung kann zum Anlass genommen werden, einen Weg einzuschlagen oder nur auf Umwege hinzuweisen. Auch ein so kurzer Weg lädt zu einer kleinen Rast ein und es ist schön, wenn der Weg in der Ruhe einer Kirche enden kann.

Wenn der Ausgangspunkt der Wanderung nicht das Ziel der Wanderung ist, muss darauf geachtet werden, dass und wie alle TeilnehmerInnen wieder nach Hause kommen.

Am Ausgangspunkt

8 Minuten

Am vereinbarten Treffpunkt (Gemeindehaus, Klinik, Parkplatz, Kirche ...) wird die Gruppe kurz begrüßt und an das Thema herangeführt. Der Ausgangspunkt sollte eine Möglichkeit zum Hinsetzen bieten, zum Beispiel im Foyer einer

Klinik, eines Altenwohnheims, eines Rehazentrums, auf Bänken an einem Parkplatz, in einer Kirche oder in einem Gemeindezentrum.

Liebe ...

Zu unserem heutigen spirituellen Spaziergang möchte ich Sie ganz herzlich willkommen heißen.

Ich darf mich kurz vorstellen ... *(wenn nötig).*

Wir gehen heute einen bestimmten Weg miteinander. Wir gehen diesen Weg als Gemeinschaft *(falls die Gruppe sich nicht kennt, ist hier Gelegenheit für eine Vorstellungsrunde).*

Wir werden heute unser Augenmerk ganz besonders auf das Gehen, auf das Langsamgehen richten.

An manchen Stellen des Weges werden wir gemeinsam stehenbleiben und mit ein paar Gedanken, einem Bibelwort oder einem Vorlesetext die Eindrücke noch etwas vertiefen. An diesen Stationen ist immer auch eine Bank (oder eine andere Möglichkeit) zum Sitzen.

Dazwischen gehen wir immer wieder ein ganzes Stück miteinander weiter, sodass die Möglichkeit besteht, auch untereinander ins Gespräch zu kommen.

Aufrechtes Gehen ist nicht nur das augenfälligste Merkmal, das uns Menschen von den Tieren unterscheidet, es ist zugleich höchster Ausdruck unserer Individualität. Schon mit den ersten Schritten stellt sich bei jedem Geher ein ganz eigenes Tempo ein. Es gibt die schnellen Starter, die zuerst einmal ihrem Bewegungsdrang Lauf lassen und ihren Weg in erstaunlich schnellem Tempo beginnen. Die geübten Wanderer mit guter Kondition werden dieses Tempo auch lange beibehalten. Alle anderen fallen nach einigen hundert Metern in einen langsameren Schritt. Sie haben sich ausgetobt. Jetzt spüren sie ihren Körper, ihre Muskeln, ihre Atmung. Für sie stellt sich ein ausdauerndes Geh-Gefühl erst nach einem solchen Aufwärmsprint ein.

Ganz anders gehen die bedachten Planer ihre Wege an: Weil sie schon vor dem Losgehen genau wissen, was der Weg ihnen abverlangen wird, bemühen sie sich von Anfang an um ein Tempo, das sie dann auch den ganzen Weg beibehalten können. Mit einem inneren Grinsen lassen sie die Schnellstarter verschwinden. Sie wissen, dass sie in einer Stunde gelassen an ihnen vorbeiziehen und ihnen dann auf dem ganzen restlichen Weg nicht mehr begegnen werden.

Die Art des Gehens entspricht ziemlich genau den Charakteren, die uns auch sonst in unserem Leben begegnen.

Von einem, der um sein Leben läuft, erzählt uns die Bibel: Elia fürchtete sich, machte sich auf und lief um sein Leben und kam nach Beerscheba in Juda und ließ seinen Diener dort. Er aber ging hin in die Wüste eine Tagereise weit und kam und setzte sich unter einen Wacholder und wünschte sich zu sterben und sprach: Es ist genug, so nimm nun, Herr, meine Seele; ich bin nicht besser als meine Väter. 1. KÖNIGE 19,3-4

An dieser Stelle sei die hoffentlich einzige Ermahnung in diesem Buch gestattet. Unsere Geh-Erlebnisse mit Patientinnen und Patienten aus Rehakliniken haben uns dazu gebracht und es ist uns bitterernst damit: Herz-Kreislauf Patienten seien hier ernsthaft gewarnt! Sie gehören allzu oft zu den Schnellstartern und neigen dazu, bei diesem Sprint zu bleiben. Wer sich als kraftstrotzenden Power-Mann (manchmal sind es auch Power-Frauen) kennt, tut gut daran, sich nach bedachten Gehern als Begleitern umzuschauen, die ihr schnelles Grundtempo bremsen und die uns die netteste Form der Kontrolle anbieten, die es gibt: ein Gespräch beim Gehen. Wer sich auf seinem Weg unterhalten kann, geht immer in seinen Leistungsgrenzen.

Die Gruppe geht dann gemeinsam los, das Tempo sollte Gespräche gut zulassen. Um miteinander warm zu werden, hat es sich bewährt, erst einmal 10 bis 15 Minuten zu gehen, bevor die erste Station erreicht wird.

10–15 Minuten Wir gehen nun, jede in ihrem, jeder in seinem Tempo bis ... *(kurze Wegbeschreibung).*

3 Minuten **Wegstation: Langsam-Gehen**

Unsere erste Station sollte ca. 10 Minuten, langsam gegangen, vom Ausgangspunkt entfernt liegen und die Möglichkeit zum Hinsetzen bieten.

Hier an dieser Stelle wollen wir zum ersten Mal innehalten. Ich lese Ihnen einen Gebetstext aus Südafrika vor:

> Lass mich langsamer gehen, Herr,
> entlaste das eilige Schlagen meines Herzens
> durch das Stillwerden meiner Seele.
>
> Lass meine hastigen Schritte stetiger werden
> mit dem Blick auf die ewige Zeit der Ewigkeit.
> Gib mir inmitten der Verwirrung des Tages
> die Ruhe der ewigen Berge.

Löse die Anspannung meiner Nerven
und Muskeln
durch die sanfte Musik der singenden Wasser,
die in meiner Erinnerung lebendig sind.

Lass mich die Zauberkraft des Schlafes erkennen,
die mich erneuert.

Lehre mich die Kunst des freien Augenblicks.
Lass mich langsamer gehen,
um eine Blume zu sehen,
ein paar Worte mit einem Freund zu wechseln,
einen Hund zu streicheln,
ein paar Zeilen in einem Buch zu lesen.

Lass mich langsamer gehen, Herr,
und gib mir den Wunsch,
meine Wurzeln tief in den ewigen Grund
zu senken,
damit ich emporwachse
zu meiner wahren Bestimmung.

Wir gehen nun wieder gemeinsam bis ... *(kurze Wegbeschreibung)* und genießen dabei ganz bewusst das Langsam-Gehen. 10–20 Minuten

2. Wegstation: Das eigene Tempo finden 5 Minuten

Die Station sollte die Möglichkeit bieten, dass die TeilnehmerInnen der Wanderung sich hinsetzen können.

Nie zu schnell werden die echten Slow Goes, die Langsam-Geher. Es gibt viele Gründe, warum jemand nur sehr langsam gehen kann. Für die allermeisten Langsam-Geher ist es ein langer Weg, dieses langsame Tempo zu akzeptieren. Die Wut auf die Schnelleren, die Trauer um die alte Leistungsfähigkeit, der Ärger über rücksichtslose Rempler, die Ungeduld wegen der nun so langen Wege, das alles raubt eher den Mut, sich wieder an das Gehen heranzutrauen.

Die Bibel erzählt eine Geschichte von einem Menschen, der immer zu langsam ist:

Am Teich Betesda lag ein Mensch, der seit 38 Jahren krank war. Jesus fragte ihn: »Willst du gesund werden?« Der Kranke antwortete: »Herr, ich habe niemanden, der mich zum Teich trägt, wenn sich das Wasser bewegt. Und wenn ich allein den Teich erreichen will, ist immer schon ein anderer vor mir dort.« Da sagte Jesus zu ihm: »Steh auf, nimm deinen Strohsack und lauf!« NACHERZÄHLT NACH JOHANNES 5,5-8

Der Weg zum Teich, das ist der Weg, den der Kranke nicht mehr schafft. Und wenn er doch am Wasser ankommt, dann war er wieder zu langsam. So kann das ewig gehen: der Maßstab für den Erfolg bleibt die Geschwindigkeit. Kein Tempo, kein Erfolg, jahrelanger Frust.

Jesus sagt dem Mann nicht: Geh zum Teich, dabei helfe ich dir. Jesus dreht den Kranken um. Der Weg ist nicht dort, wo er mit den anderen Kranken konkurrieren muss, wo Schnelligkeit gefragt ist. Auf dem neuen Weg lässt der Kranke den Wettkampf mit den anderen hinter sich. Hier geht er seinen Weg in seinem Tempo.

10–20 Minuten Wir gehen nun in unserem je eigenen Tempo zur nächsten Station *(kurze Wegbeschreibung)*.

3. Wegstation: Gehen

3 Minuten

Wieder wählen wir eine Stelle am Weg, an der die TeilnehmerInnen sich hinsetzen können. Zunächst fragen wir in die Runde: »Wie geht's?«, um dann anhand dieser Frage das Gehen zu thematisieren.

Wie geht's? – Comment allez vous? – Come va?

In vielen Sprachen fragen sich Menschen gegenseitig, wie es geht - und das ist nicht nur so dahingesagt.

Wie es uns geht, hängt davon ab, ob und wie viel wir uns bewegen oder bewegen können. Genauer gesagt, um bei dem Wort »gehen« zu bleiben, wie wir uns vorwärts bewegen, wie wir vorankommen. Es geht wirklich um das Gehen. Und am besten geht man einen Weg gemeinsam – zusammen mit anderen – so wie wir das jetzt machen. Untersuchungen haben ergeben, dass ein gemeinsamer Spaziergang, bei dem man sich unterhält, so wirkt wie eine Kombination aus einer Gesprächs-, Bewegungs- und einer Atemtherapie.

Wir gehen nun nach ... *(kurze Wegbeschreibung)* und achten vielleicht einmal ganz besonders darauf, wie es uns beim Gehen geht. 10–20 Minuten

4. Wegstation: Rast machen

8 Minuten

Es ist schön, wenn diese Station unter bzw. an einem Wegkreuz oder mit Blick auf ein Wegkreuz stattfinden kann.

Als Impuls lesen wir zwei Bibeltexte vor:

Elia stand auf, aß und trank und ging durch die Kraft der Speise vierzig Tage und vierzig Nächte. 1. Könige 19,8

Meine Seele ist stille zu Gott, der mir hilft.
Denn er ist mein Fels, meine Hilfe, mein Schutz,
dass ich gewiss nicht fallen werde.
Aber sei nur stille zu Gott, meine Seele;
denn er ist meine Hoffnung.

Er ist mein Fels, meine Hilfe und mein Schutz,
dass ich nicht fallen werde.
Bei Gott ist mein Heil und meine Ehre,
der Fels meiner Stärke,
meine Zuversicht ist bei Gott.

AUS PSALM 62

Es ist vielleicht die älteste geistliche Übung, die wir im Christentum kennen und die es in allen anderen Religionen auch gibt: Das Stillwerden vor Gott.

Es ist nicht gleich eine Meditation, nicht gleich ein Gebet. Stillwerden vor Gott, das ist wie eine Insel, ist ein Luftholen, eine kurze Unterbrechung. So wie wir innehalten in unserem Alltag, um uns zu orientieren, um uns klar zu werden, was als Nächstes zu tun ist.

Wir brauchen solche ganz kurzen Unterbrechungen, so ein Stillhalten, und wir machen das ganz automatisch viele Male jeden Tag.

Das, was wir Spiritualität nennen, ist aus solchen Situationen entstanden, die in unserem Alltag liegen.

Zuerst sind diese Pausen da, diese Unterbrechungen, und später wurden sie mit Inhalt gefüllt. Die Pause ist nicht mehr nur Pause. Es ist ein Stillwerden vor Gott. Pausen und Unterbrechungen bekommen eine Ausrichtung, einen Ort und einen Namen.

Eine Pause vor Gott – dafür sind zum Beispiel unsere Wegkreuze entstanden. Sie laden uns zu einer Pause ein, zu einem Stillwerden vor Gott.

Im Islam hat diese Ausrichtung, dieses Vor-Gott-Stillwerden einen sichtbaren Ausdruck bekommen, wenn sich die Gläubigen nach Mekka verneigen. Bei uns ist diese Ausrichtung an den Wegkreuzen sichtbar. Wenn wir auf unseren Spaziergängen daran vorbeigehen und kurz innehalten – oder auch nur einen Moment langsamer gehen –, dann heben wir den Kopf und schauen auf zum Kreuz. Das ist unser Stillwerden vor Gott: den Blick zu heben zum Kreuz.

Das geschieht alles noch, bevor wir uns dessen bewusst werden. Die Ausrichtung ist in unseren Unterbrechungen oft schon vorher da, noch bevor wir uns bewusst vor Gott stellen.

Der Apostel Paulus hat dafür einmal einen guten Ausdruck gefunden. Er sagt, es liegt alles schon in einem unaussprechlichen Seufzen.

Und das kennen wir auch, dass wir uns zwischendurch mit einem Seufzer Luft machen. Das trägt unsere Situation schon vor Gott.

Es sind diese ganz kleinen Situationen, mit denen wir unseren Alltag vor Gott bringen. Das sind schon geistliche Übungen. Und es geht für uns vielleicht eher darum, uns diese Pausen, uns dieses Stillwerden vor Gott immer wieder bewusst zu machen, als nach neuen und ungewöhnlichen Übungen zu suchen. Die kleinen Pausen und Seufzer, da steckt schon darin, dass wir ein Leben vor Gott führen.

Wir gehen nun bis zur Wegkreuzung ... *(kurze Beschreibung des Zielpunktes).* 10–20 Minuten

5 Minuten

5. Wegstation: Umwege

Diese Station findet am besten an einer Stelle statt, an der an einer Wegkreuzung zwei Wegweiser zum selben Ziel stehen mit unterschiedlichen Gehzeiten. Da wir auf dieser Slow-Go-Wanderung mit Langsam-Gehern unterwegs sind, werden wir wohl kaum den Umweg zum Zielpunkt ausprobieren können, doch an einer solchen Wegkreuzung lässt sich das Thema Wege und Umwege zum selben Ziel bedenken.

Auf dem Wegweiser steht zweimal der Name des Dorfes, zu dem wir unterwegs sind. Für den einen Weg sind zwei Gehstunden angegeben, für den anderen Weg sind es drei Stunden Wegstrecke.

Für welchen Weg würden wir uns entscheiden? Für den längeren oder den kürzeren? Der kürzere führt uns zwar schneller zum Ziel, aber vielleicht bietet der längere Weg mehr Abwechslung, schönere Landschaften, sanftere Anstiege, schönere Ausblicke ...

Von einem Umweg berichtet auch die Bibel: Als nun der Pharao das Volk hatte ziehen lassen, führte sie Gott nicht den Weg durch das Land der Philister, der am nächsten war; denn Gott dachte, es könnte das Volk gereuen, wenn sie Kämpfe vor sich sähen, und sie könnten wieder nach Ägypten umkehren. Darum ließ er das Volk einen Umweg machen und führte es durch die Wüste zum Schilfmeer. Und Israel zog wohlgeordnet aus Ägyptenland. EXODUS / 2. MOSE 13,17-18

Manchmal fällt uns die Entscheidung leicht, welchen Weg wir nehmen sollen. Und oft genug fällt die Entscheidung für den kürzeren Weg. Einen Umweg machen, das entspricht nicht unseren Alltagsentscheidungen. Da ist meist kein Platz für einen Umweg.

Umwege erweitern die Ortskenntnis, sagt zwar ein Bonmot, aber wir rechtfertigen damit höchstens in der Rückschau einen Umweg.

Einen Umweg, weil Gefahr droht, das macht nicht nur Gott so, das scheint uns einsichtig. Aber einen Umweg über das Schilfmeer, das war, auf den ersten Blick jedenfalls, kein guter Umweg. Es war der Weg in die Sackgasse – zunächst jedenfalls. Wir wissen heute in der Rückschau, wie die Geschichte weiterging. In der Rückschau wissen wir immer, ob sich ein Umweg gelohnt hat oder ob es vielleicht gar eine Sackgasse war.

Wir wollen nun nach ... *(kurze Wegbeschreibung)* gehen. Vielleicht haben Sie Lust, auf dem Weg dorthin über Wege, Umwege und Sackgassen in Ihrem Leben nachzudenken.

10–20 Minuten

6. Wegstation: In einer Kirche oder Kapelle

mindestens 5 Minuten

Schön ist es, wenn für den Abschluss unserer spirituellen Wanderung für Langsam-Geher eine Kirche oder Kapelle zur Verfügung steht. Wenn der Endpunkt der Wanderung nicht der Ausgangspunkt ist, müssen wir dafür sorgen, dass alle wieder gut nach Hause kommen.

Wer sich nach seinem Weg nicht gleich in die nächste Aktivität stürzen will, kommt gut in einer Kirche an: Erst einmal hinsetzen, die Augen an den dunklen Raum gewöhnen, die Ruhe genießen ...

Elia kam am Berg Horeb in eine Höhle und blieb dort über Nacht. Und siehe das Wort des Herrn kam zu ihm: Was machst du hier? 1. KÖNIGE 19,9

Wer aus dem Sonnenlicht kommt und eine Kirche betritt, den umfängt zuallererst die Dunkelheit. Die Geräusche des Tages bleiben draußen. Es ist wie in einer Höhle. Licht kommt durch die Fenster. Manchmal ist es buntes Licht. Was machst du hier?, fragt Gott den Elia in der Höhle. Elia ist am Ende seiner Flucht angekommen. Wenn er aus der Höhle herauskommt, wird er wieder unter die Menschen geschickt. Er hört die Stimme Gottes und bekommt einen neuen Auftrag.

Was machst du hier? Die Kirche, in der ich langsam meine Augen an das Dunkel gewöhnt habe, ist wie eine Höhle. Sie ist kein Ort, um da zu bleiben.

Nur was ich selbst mit hineinbringe, verbindet mich mit der Welt draußen. Hier bin nur ich. Die Höhle, die Kirche ist ein Raum, der mich manchmal aufnimmt, eine Zwischenstation auf meinem Weg. Und manchmal erwarte ich mir auch einen Auftrag an diesem Ort, einen Wegweiser, einen Gedankenblitz, der mich begleitet, wenn ich den Weg weitergehe.

An dieser Stelle möchte ich mich von Ihnen verabschieden. Vielen Dank für Ihr Mitgehen und Ihre Beteiligung. Ich hoffe, es hat Ihnen gut getan. Zum Abschied und am Ende des gemeinsamen Weges möchte ich Ihnen ein Segenswort mitgeben, einen Segen für den Weg, für Ihren Weiterweg:

Wenn wir jetzt auseinander gehen,

sei dir Gottes Wort
Weisung
an jeder Kreuzung,

sei dir Gottes Verheißung
eine Macht
vor jedem Hindernis,

sei dir Jesu Kreuz
eine sichere Brücke
über jeden Abgrund,

sie dir der Engel der Gemeinde
Heimat
in jeder Fremde,

sei dir die Kraft des Heiligen Geistes
ein verlässlicher Trost
in jedem Leid,

sei dir das Gebet weltweit
wie ein Lied der Mutter
in schlafloser Nacht,

sei dir der Segen Gottes
die Weite,
in der du ruhst.

Gerhard Engelsberger

Kommt und seht: Wanderung zum Thema Sehen – Augen

Diese Wanderung konzentriert sich sehr auf das Sehen und Wahrnehmen, sodass sie nicht angeboten werden sollte, wenn damit zu rechnen ist, dass ein Teil der Teilnehmenden sehbehindert oder blind ist.

Der Weg sollte, wie immer, zügig gegangen anderthalb Stunden nicht überschreiten und durch ein der Gruppe angemessenes Gelände führen. Die Stationen erfordern kaum Besonderheiten. Es bietet sich aber an, Orte zu wählen, die eine angenehme Atmosphäre ausstrahlen. Vorhandene Möglichkeiten zum Sitzen sind je nach Gruppe eine gute Ergänzung. Besonders für die erste Station ist ein Ort zu bevorzugen, der einen Blickfang für die Augen bietet.

Eine weitere Station kann durch den Wald führen mit der Gelegenheit, ein kleines Stück Waldboden einmal genauer zu betrachten. Das ist aber auch auf einer Wiese oder am Wegrand möglich.

Wenn es Gelegenheit gibt, auf dem Weg einen Wechsel vom Hellen ins Dunkle oder umgekehrt zu erleben, ist es günstig, dies als Station mit einzubauen. Es ist jedoch nicht unbedingt nötig. Unsere Erfahrungen zeigen, dass solche Gegebenheiten nicht überall zu finden sind. Überdies bringen die Teilnehmenden Erfahrungen zu Helligkeit und Dunkelheit auch mit.

Mit einer entsprechenden Gruppe können Sie diese Wanderung auch im Winter machen, schöne Ausblicke oder Baumbetrachtungen sind gerade dann möglich. Statt der genauen Betrachtung des Waldbodens ist es interessant, Schnee einmal ganz genau anzusehen.

Am Ausgangspunkt

5 Minuten

Nach der Begrüßung und – wenn nötig – gegenseitigen Vorstellung wird die Gruppe vor dem ersten gemeinsamen Wegstück auf das Thema eingestimmt.

Diese Wanderung stellt unsere Augen, unsere Fähigkeit zu sehen in den Mittelpunkt. Oft ist das Sehen ja so selbstverständlich, dass wir dem gar keine besondere Aufmerksamkeit zuwenden. Gerade der Sehsinn aber ist im Alltag oft einer Überforderung ausgesetzt. Wir können die Bilderflut, die auf uns einstürmt, nur noch schwer verarbeiten. Heute soll es unter anderem um das bewusste Sehen gehen. Gleichzeitig aber auch um die Verbindung zwischen dem, was unser Auge wahrnimmt, und unseren Gefühlen. In der Bergpredigt ist diese Verbindung mit einem schönen Bild, das Sie vor Ihrem inneren Auge sehen können, ausgedrückt. Es heißt dort:

Das Auge gibt dem ganzen Körper Licht (Matthäus 6, 22).

Das Sehen, unsere Gefühle beim Sehen und der Weg zum Erkennen, das soll uns heute auf dieser Wanderung begleiten. Ich wünsche uns dazu einen guten Weg miteinander.

Machen wir uns auf zu der ersten Station *(kurze Wegbeschreibung zur ersten Station; es ist gut, den Weg prägnant zu beschreiben zu können, um nicht immer vorneweg gehen zu müssen).* 10–20 Minuten

10 Minuten

1. Wegstation: Das Erlebnis Sehen

Die erste Station sollte ein Ort sein, an dem vieles auf einmal wahrzunehmen ist, etwa verschiedene Blumen, Bäume, Wasser, Wiese usw.

Suchen Sie sich bitte einen bequemen Platz, an dem Sie mich gut verstehen und auch viel wahrnehmen können von der Schönheit dieses Ortes *(Pause für die Wahrnehmung des Ortes)*.

Unser Auge hat ja die Fähigkeit, ganz viel auf einmal zu erfassen, eine Gesamtkonstellation wie hier ... *(Beschreibung des Vorhandenen)*. Viel schneller, als ich jetzt alles mit Worten aufzählen kann, haben Ihre Augen das Gesamtbild erfasst.

Heutzutage sind wir dadurch ganz oft einer Reizüberflutung ausgesetzt. Früher gab es nicht so viel Verschiedenes zu sehen. Wie selten ist man früher aus seiner vertrauten Umgebung herausgekommen, unternahm einen Ausflug oder gar eine Reise? Wie wenig veränderte sich die Umgebung?

Heute verändert sich alles schneller, wir selbst sind viel unterwegs. Bedenken Sie nur, wie viel Bildeindrücke wir mit einem einzigen Film verarbeiten müssen, und dazu kommen noch die raschen Bilderfolgen der Werbespots. Täglich müssen wir Neues sehen, registrieren und verarbeiten.

Die geschaute Welt löst heute die erlebte Welt ab. Es entstehen auch psychische Probleme dadurch, dass das Geschaute nicht mehr verarbeitet wird.

Etwas Wichtiges ist uns dabei fast verloren gegangen: das liebende Betrachten. Ich möchte Sie einladen, einen einzelnen Gegenstand hier aus diesem Gesamtbild auszuwählen, eine Blume, einen Baum oder vielleicht nur einen Ast. Wenden Sie nun diesem Einzelstück Ihre Aufmerksamkeit zu, betrachten Sie es liebevoll, entdecken Sie Einzelheiten *(hier kann man langsam und mit Pausen als Anregung einige Beispiele nennen, die dem entsprechen, was zu sehen ist)*: Farben der Blätter, Blüten, Bewegung im Wind, Verzweigung der Äste, Formenreichtum ...

Vielleicht wird Ihren Augen eine Geschichte erzählt: vom langsamen Wachstum, von versteckter Schönheit, vom Kampf mit dem Wind. Nehmen Sie sich Zeit ...

Pause

Vielleicht wollen Sie den Blick ergänzen durch eine kleine Berührung ...

Pause

Ich finde es sehr wichtig, dieses liebende Betrachten immer wieder zu üben, langsam zu werden, die Dinge, die Natur, auch die Menschen um mich genau wahrzunehmen und zu betrachten. Und Sie wissen bestimmt, wo es für Sie wichtig ist, das wieder einzuüben! Bei Ihrem Partner, Ihrer Partnerin, den Kindern, bei einem Ort, an dem Sie sich zu Hause fühlen ...

Es tut uns gut. In diesem liebevollen Betrachten geben wir unserem Gegenüber eine ganz eigene Würdigung und in der Ruhe des Betrachtens bleibt Zeit zu spüren, dass Auge und Seele verbunden sind.

Diese Verbindung ist herauszuhören aus einem Gedicht von Johann Wolfgang von Goethe:

Zum Sehen geboren,
zum Schauen bestellt,

dem Turme geschworen,
gefällt mir die Welt.
Ich blick in die Ferne,
ich seh in der Näh
den Mond und die Sterne,
den Wald und das Reh.
So seh ich in allen
die ewige Zier,
und wie mir's gefallen,
gefall ich auch mir.
Ihr glücklichen Augen,
was je ihr gesehen,
es sei, wie es wolle,
es war doch so schön.

10–20 Minuten Nun darf ich Sie einladen ein Stück weiterzugehen, die nächste Station finden Sie ... *(Wegbeschreibung)*

25 Minuten

Wegstation 1A: Erlebnis »Nicht-Sehen«. Eine Körperübung

Für eine bewegliche Gruppe oder eine Gruppe mit jüngeren Leuten ist es möglich, bei diesem Thema eine Erfahrung des Nichtsehens einzubauen. Wir bieten hier eine Station an, die erlaubt, mit verbundenen Augen geführt oder gelenkt seinen Weg durch das Gelände zu finden und auch mit verbundenen Augen Tasterfahrungen zu machen. Letzteres ist vielleicht auch mit einer Gruppe möglich, in der Angst herrscht vor dem Gehen mit verbundenen Augen, aber dennoch Bereitschaft vorhanden ist, Neues auszuprobieren.

Für diese Station suchen wir einen Ort ohne versteckte Gefahren, also keine stark abschüssigen Hänge, keine verborgenen Felsabbrüche oder Löcher im Boden, kein tiefes Wasser in der Nähe.

Zum Erlebnis des Sehens gehört auch die Erfahrung des »Nicht-Sehen-Könnens«, die Erfahrung, sich auf alle anderen Sinne zu verlassen. Zu dieser Erfahrung möchte ich Sie nun einladen. Suchen Sie sich einen Partner oder eine Partnerin. Sie bekommen von mir ein Tuch *(als sehr geeignet und angenehm zu tragen hat sich schwarzer oder dunkler Futterstoff erwiesen, man bekommt ihn oft günstig in einem Stoffgeschäft, wenn man nach Resten fragt)*. Eine/r von Ihnen verbindet sich damit die Augen. Machen Sie sich dann auf den Weg, Sie können selbst entscheiden, ob Sie sich an der Hand führen lassen wollen oder nur durch eine sanfte Berührung an der Schulter und Anweisungen lenken lassen wollen. Vielleicht genügt Ihnen auch die Stimme Ihres Partners zur Wegweisung. Sie können auch Verschiedenes ausprobieren. Machen Sie sich gegenseitig auch auf Dinge aufmerksam, die am Weg zu sehen und zu erfühlen sind. Ganz Wagemutige unter Ihnen dürfen auch gern die Schuhe und Strümpfe ausziehen. Nach etwa 10 Minuten gebe ich ein Zeichen und dann wechseln Sie bitte die Rollen.

Jeder und jede in der Gruppe, der möchte, sollte die Möglichkeit haben, etwa 10 Minuten das Gehen mit verbundenen Augen auszuprobieren. Falls große Begeisterung herrscht und vieles auszuprobieren gewünscht wird, verlängere ich diese Zeit. Danach schließen wir einen kurzen Austausch über die Erfahrungen an.

Nun haben Sie es selbst erfahren, wie es ist, nichts zu sehen und doch viel zu spüren. Wie ging es Ihnen damit? Hatten Sie auch Angst? Wie wichtig war das Verhältnis zu Ihrem Partner?

Nach ausreichender Gelegenheit zum Austausch bekommt die Gruppe Hinweise für den Weg zur nächsten Station, der 20 Minuten *etwa 20 Minuten dauern kann.*

mindestens 10 Minuten 2. Wegstation: Sprechende Blicke

Für diese Station sollte ein Ort gewählt werden, der für das Auge wohltuend ist, eventuell auch mit der Möglichkeit, sich ein wenig hinzusetzen.

Wir sind hier angekommen an einem schönen Ort, wohltuend für die Augen. In unserer Welt, in der so vieles wissenschaftlich erfasst wird, werden auch die Augen eher von der funktionellen Seite betrachtet. Und jeder/ jede unter uns, die Brillenträgerin ist oder gar schon eine Augenoperation hinter sich hat, profitierte und profitiert davon.

Dennoch ist es gut, auch einmal zurückzuschauen. Im Alten Testament erzählen Worte über das Auge wenig darüber, wie gut oder schlecht derjenige sah, nichts über Kurz- oder Weitsichtigkeit, sondern sie sprechen von der Art des Blickes, von der Dynamik, die dahinter steckt.

Zum Beispiel wenn es um die Liebe geht, da finden wir im Hohenlied Sätze wie: Wende deine Augen von mir, denn sie verwirren mich (Hoheslied 6, 5).

Oder: Du hast Augen wie Tauben (Hoheslied 5,12) – das meint voller Frieden.

In den Psalmen ist immer wieder die Rede von Gottes Augen und damit werden Aussagen gemacht über die Art, wie er auf uns Menschen schaut:

Ich will dich mit meinen Augen leiten (Psalm 32,8), verspricht Gott dem Beter.

Wir heute sprechen von bestimmten Blicken: Blicke, die man tauscht voller Liebe. Oder allein die Frage: Was schaust du mich so an? So grimmig oder beleidigt oder traurig oder verletzt ... Sie können hier vieles einsetzen ... Manchmal geht es uns so, dass wir Blicke geradezu spüren. Und es gibt ja das Sprichwort: Wenn Blicke töten könnten!

Hier lassen wir Raum für eigene Erfahrungen der Teilnehmerinnen und Teilnehmer und für eine kurze Pause zum Nachdenken.

Gott geben wir in unseren Vorstellungen ja bis heute einen besonderen Blick, den allumfassenden. Das ist ein Teil unserer Versuche, sich Gott vorzustellen und ihn mit unseren Bildern zu beschreiben. In Psalm 139 wird es schön beschrieben:

> Herr, du erforschst mich und kennst mich.
> Ich sitze oder stehe auf, so weißt du es;
> du verstehst meine Gedanken von ferne.
> Ich gehe oder liege, so bist du um mich
> und siehst all meine Wege.
>
> Und einige Verse weiter:
>
> Sieh, ob ich auf bösem Wege bin,
> und leite mich auf ewigem Wege.
> (PSALM 139,1- 3 UND 24)

Diese Vorstellung von Gott, der sorgend und wachend auf unser Leben schaut, wurde immer wieder auch verkürzt zum Bild von einem kontrollierenden Gott.

Manch eine, manch einer von Ihnen kennt vielleicht den Satz aus der Kinderzeit: »Pass nur auf, Gott sieht alles.«

Er sieht alles, aber er geht vielleicht anders damit um, als wir es uns in unserer menschlichen Gerechtigkeit vorstellen können. Dass Gottes Sehen über unsere Vorstellungen hinausgeht, spüren wir ja auch bei ganz widersprüchlichen Erfahrungen damit. In Situationen, in denen das Gefühl da ist: jetzt bin ich von Gott verlassen, er ist nicht da, er hört und sieht mich in meiner Verzweiflung und meinem Leid scheinbar gerade nicht. Und das Bild des alles sehenden Gottes verträgt sich so schlecht mit einem Blick in die Welt. Da muss Gott doch wegschauen, sonst könnte es doch nicht so zugehen?

Diese Erfahrungen sind so alt wie die Menschheit, sie gehören zum Glauben. In den Psalmen findet sich dazu die Vorstellung, dass Gott sein Antlitz verbirgt. Oft ist diese Aussage verbunden mit einer Bitte wie im 27. Psalm:

Verbirg dein Antlitz nicht länger vor mir (PSALM 27,9).

Gott, auch sein Blick geht über unsere Vorstellung hinaus. Und doch bleibt – vielleicht ganz im Verborgenen, denn es rührt ja eine sehr kindliche Sehnsucht in uns an – der Wunsch und die Bitte um Gottes Dasein, um seinen Blick, einen sorgenden und wachenden Blick, damit wir auf dem rechten Weg bleiben oder ihn wiederfinden.

Diese Bitte ist wunderschön ausgedrückt in einem Abendgebet für Kinder. Wahrscheinlich kennen es einige von Ihnen:

Vater, lass die Augen dein
über meinem Bette sein.

Hab ich Unrecht heut getan,
sieh es, lieber Gott, nicht an.
Deine Gnad und Christi Blut
machen allen Schaden gut.

Nach einer Pause für mögliche Bemerkungen und zur Besinnung gebe ich Hinweise für den nächsten Wegabschnitt.

Gehen wir wieder ein Stück weiter zur nächsten Station. 10–20 Minuten

3. Wegstation: Sehen im Detail

7 Minuten

Hier geht es um genaues Beobachten eines kleinen Ausschnittes, beispielsweise am Waldboden oder in einer Wiese. Die Station sollte nicht allzu öffentlich liegen. Es ist nicht so angenehm, beim Betrachten des Waldbodens beobachtet zu werden. Falls sehr viele ältere TeilnehmerInnen dabei sind, ist es hier gut, Möglichkeiten zum Sitzen oder Anlehnen zu haben.

Suchen Sie sich bitte einen guten Platz zum Hören und Schauen. – Sie haben es vielleicht schon erlebt, wenn Sie mit kleinen Kindern unterwegs sind. Die bleiben manchmal unvermutet mitten auf einem Weg stehen, rufen ganz aufgeregt: schau, schau und zeigen auf einen winzigen Käfer, dessen Flügel grün schillern, oder deuten auf eine kleine Schnecke mit den Worten: »Das Haus von der Schnecke leuchtet ganz rosa, wenn die Sonne so draufscheint.«

Kinder haben noch diese Gabe, das Wunder im ganz Kleinen zu entdecken. Uns Erwachsenen täte es gut, das immer wieder zu üben. Wir sind ja eher die großen Dimensionen gewöhnt, Bergkulisse, das weite Meer, schneebedeckte Gipfel oder auch die Silhouette einer Stadt. Es ist auch gut, dies wahrzunehmen und den Blick überhaupt vom Alltag in die Weite zu heben.

Wenn wir den »kleinen Wundern« mehr Beachtung schenken wollen, müssen wir dazu gar nicht weit fort. Das geht ja oft auch nicht so leicht: Die Arbeit, die gesundheitlichen Möglichkeiten oder die familiäre Situation schränken uns ein.

Ich möchte Sie anregen, sich hier darauf einzulassen, einen ganz kleinen Ausschnitt in den Blick zu nehmen: 20 x 20 cm Waldboden oder Wiese oder auch nur ein Stück Weg. Wenn Sie es lieben, nach oben zu schauen, betrachten Sie das Blätterdach oder einen anderen Teil eines Baumes. Vielleicht ein Stück Moos ...

Die folgenden Anregungen geben wir sehr langsam und vorsichtig mit langen Pausen, um den TeilnehmerInnen die Möglichkeit zu geben, vieles selbst zu entdecken. Auch achten wir darauf, nichts anzusprechen, was gar nicht vorhanden ist. Zwischen und nach den Anregungen sollten sich auf jeden Fall längere Pausen zum stillen Betrachten anschließen.

Nun schauen Sie dieses Stück Waldboden / Wiese / Weg genau an.

Wie viele verschiedene Formen ...
Wie viele Grüntöne, Farben ...
Vielleicht ist der Boden feucht und kalt ...
Vielleicht sieht man Wassertropfen ...
Was kriecht da so alles?
Was ist besonders schön, was eher fremd?
Oder gar abstoßend!

Vielleicht wollen Sie auch die Perspektive wechseln, sich hinlegen, näher hingehen …

Oder aufstehen und von oben hinschauen …

Was verändert sich?

Nun darf ich Sie bitten, sich wieder der etwas größeren Welt zuzuwenden, Ihre Nachbarn wahrzunehmen und den Weg. Vielleicht mögen Sie ein wenig berichten, wie es für Sie war, einem so kleinen Stück der Natur so viel Aufmerksamkeit zuzuwenden ...

Pause für Bemerkungen

Nach der Gelegenheit zum Austausch bekommen die TeilnehmerInnen Hinweise für den weiteren Weg. 10–20 Minuten

Nun geht es weiter nach ... Jetzt können Sie die Augen wieder an der Vielfalt der Schöpfung erfreuen.

4. Wegstation: Sehen und erkennen

5 Minuten

Auch hier ist es schön, wieder einen Ort zu wählen, der angenehm für das Auge ist. Ansonsten braucht er keine Besonderheiten aufzuweisen.

An dieser Stelle möchte ich Ihnen eine biblische Geschichte vorlesen, in der es um das Sehen geht.

Und sie kamen nach Betsaida. Und sie brachten zu Jesus einen Blinden und baten ihn, dass er ihn anrühre. Und er nahm den Blinden bei der Hand und führte ihn hinaus vor das Dorf, tat Speichel auf seine

Augen, legte seine Hände auf ihn und fragte ihn: Siehst du etwas? Und er sah auf und sprach: Ich sehe die Menschen, als sähe ich Bäume umhergehen. Danach legte er abermals die Hände auf seine Augen. Da sah er deutlich und wurde wieder zurechtgebracht, sodass er alles scharf sehen konnte. Und er schickte ihn heim und sprach: Geh nicht hinein in das Dorf!

MARKUS 8, 22-26

In einer Zeit, in der Augenkrankheiten ein viel häufigeres Problem darstellten als heute in unserer westlichen Welt, heilt Jesus einen Blinden. Er ermöglicht ihm das Sehen und das Erkennen seiner Welt.

Ein Heilungswunder, das löst immer Skepsis aus. Es war weder damals noch ist es heute die Regel. Obwohl ich immer wieder mit Patienten oder Patientinnen spreche, die nach einer Augenoperation für sich auch von einem Wunder sprechen. So empfinden sie es, wenn – und sei es auch durch die moderne Medizin – der Übergang erfahren wird vom schlechten Sehen zum guten, klaren Erkennen.

Für mich ist an der biblischen Geschichte das rechte Erkennen wichtig geworden. Es geht nicht nur um das Sehen, sondern um das richtige Erkennen. Im Neuen Testament hat Sehen immer auch etwas mit Erkennen zu tun. Es geht nicht nur um oberflächliches Wahrnehmen, sondern um das rechte Erkennen der Dinge.

So wie es der Fuchs den kleinen Prinzen lehrt, wenn er sagt: Man sieht nur mit dem Herzen gut, das Wesentliche ist für die Augen unsichtbar.

Mit dem Herzen sehen, wirklich erkennen, was es bedeutet, dass das eigene Leben von Gott gewollt ist. Erkennen, was Gott uns schenkt. Mit dem Herzen sehen, die Schöpfung mit Dank und Freude, aber auch mit Sorge um ihre Zerstörung wahrnehmen.

Mit dem Herzen sehen, hinter das lachende Gesicht der Freundin, hinter die Krankheit, die nur die Spitze eines Eisbergs ist und etwas von der Lebensweise der vergangenen Jahre ahnen lässt. Mit dem Herzen sehen, hinter die Fassaden, die wir selbst und andere immer wieder aufbauen.

Jesus heilt den Blinden, er ermöglicht ihm das genaue Erkennen. Auch wir sehen so manches verschwommen oder gar nicht: Es tut weh hinzuschauen, Menschen geraten uns einfach aus dem Blickfeld, wir sind betriebsblind.

Zu unserem Glauben gehört das genaue Erkennen. Lassen wir es immer wieder zu, in dieser Hinsicht geheilt zu werden. Auch wenn wir dabei so manches Wunder erleben, das wir gar nicht haben wollten.

Nach einer Pause, die Gelegenheit gibt für Bemerkungen, folgt wieder eine kurze Wegbeschreibung zur nächsten Station. Auch hier genügt wieder ein schön gelegener Ort, der ein gutes Stück entfernt liegen sollte, da die Gedanken über das Sehen und Erkennen erfahrungsgemäß sehr zum Nachdenken und Reden innerhalb der Gruppe anregen. 10–20 Minuten

5. Wegstation: Seher und Propheten 10 Minuten

Suchen Sie sich einen schönen Platz. Wir schauen nun zurück in ältere Kulturen als die unsere. Da gab es und gibt es noch so genannte Seher. Eine Bezeichnung, die auch für die Propheten des Alten Testaments verwendet wurde. Seherinnen und Seher, Frauen und Männer, die besondere Fähigkeiten hatten. Man könnte sagen, sie blicken zwischen die Dinge oder gar in die Zukunft. Menschen, die, mehr als wir, zu Hause sind in einem

Bereich, der zwischen Himmel und Erde anzusiedeln ist. Seher – Propheten - Medizinmänner – Schamanen.

Meistens wählen sie ihre Berufung nicht selbst, sondern haben ein Erlebnis, das sie dazu zwingt. Es war und ist kein leichtes Schicksal, sein eigenes Leben und seine eigenen Ziele ein ganzes Stück dieser Begabung und damit auch den anderen zu opfern. Manchmal geht wenigstens Ruhm und Anerkennung damit einher, aber oft werden diese Menschen mit ihren Botschaften auch abgelehnt, gehasst und verachtet – wer mag schon gern Unheilsprognosen und Schwarzseher?

Die Laufbahn des Propheten Jesaja beginnt mit einer Vision, er erlebt eine Begegnung mit Gott und erhält einen Auftrag:

In dem Jahr, als der König Usija starb, sah ich den Herrn sitzen auf einem hohen und erhabenen Thron, und sein Saum füllte den Tempel. Serafim standen über ihm; ein jeder hatte sechs Flügel: mit zweien deckten sie ihr Antlitz, mit zweien deckten sie ihre Füße, und mit zweien flogen sie. Und einer rief zum andern und sprach: Heilig, heilig, heilig ist der Herr Zebaoth, alle Lande sind seiner Ehre voll! Und die Schwellen bebten von der Stimme ihres Rufens, und das Haus ward voll Rauch. Da sprach ich: Weh mir, ich vergehe! Denn ich bin unreiner Lippen und wohne unter einem Volk von unreinen Lippen; denn ich habe den König, den Herrn Zebaoth, gesehen mit meinen Augen. Da flog einer der Serafim zu mir und hatte eine glühende Kohle in der Hand, die er mit der Zange vom Altar nahm, und rührte meinen Mund an und sprach: Siehe, hiermit sind deine Lippen berührt, dass deine Schuld von dir genommen werde und deine Sünde gesühnt sei. Und ich hörte die Stimme des Herrn, wie er sprach: Wen soll ich senden? Wer will unser Bote sein?

Ich aber sprach: Hier bin ich, sende mich! Und er sprach: Geh hin und sprich zu diesem Volk: Höret und verstehet's nicht; sehet und merket's nicht!

Verstocke das Herz dieses Volks und lass ihre Ohren taub sein und ihre Augen blind, dass sie nicht sehen mit ihren Augen noch hören mit ihren Ohren noch verstehen mit ihrem Herzen und sich nicht bekehren und genesen.

Ich aber sprach: Herr, wie lange? Er sprach: Bis die Städte wüst werden, ohne Einwohner, und die Häuser ohne Menschen und das Feld ganz wüst daliegt.

JESAJA 6,1-11

Es war kein leichter Weg, den Jesaja gehen musste, und in seiner Botschaft wird auch immer wieder Klage laut.

In unserer Welt haben Propheten wenig Platz. Es ist ja alles wissenschaftlich erklärbar. Aber auch bei uns ist diese Fähigkeit in Ansätzen zu spüren. Es gibt Frauen und Männer, bei denen wir uns fragen, woher sie die Kraft haben, Dinge auszusprechen und anzumahnen. Es gibt Erlebnisse, und vielleicht hatten Sie solche auch schon, die nur hinter vorgehaltener Hand und guten Freunden erzählt werden. Von Ahnungen, die einen Unfall verhinderten, von Begegnungen mit Verstorbenen, von aussagekräftigen Träumen. Andere Menschen werden krank oder als krank bezeichnet. Der Chef einer Psychiatrie hat einmal zu mir gesagt: Der Übergang zwischen herausragendem religiösen Erleben und religiös krankhaftem Wahn ist nicht genau festzustellen.

Die Sehnsucht nach diesem Zwischenbereich, der eben nicht erklärbar, aber immer wieder spürbar ist, zeigt sich auch in der Hinwendung zu esoterischen oder mystischen Übungen. Meiner Meinung nach ist es gut, ganz klar zu sagen: Es gibt Dinge zwischen Himmel und Erde, die wir nicht verstehen, in die wir aber gelegentlich durch irgendein Erlebnis Einblick haben oder eine Ahnung davon spüren. Und dieses Wissen, das Sehen in diesem Zwischenbereich hat auch in der Geschichte unseres Glaubens eine Heimat. Aber über dieses unsichere Sehen und Ahnen hinaus tut es mir gut, dass wir durch Jesus Christus auch Gewissheit haben über Gottes Liebe und seine Begleitung.

10–20 Minuten *Nach einer Pause, die Raum lässt für Bemerkungen und Ergänzungen der Teilnehmenden, geht die Gruppe mit kurzen Hinweisen zum Wegverlauf weiter.*

10 Minuten **6. Wegstation: Hell – Dunkel**

Vielleicht lässt es sich einrichten, dass diese Station an einer Stelle des Weges liegt, an der der Kontrast zwischen hell und dunkel erlebbar ist, beispielsweise beim Heraustreten aus dem Wald oder im Schatten einer Felswand, vielleicht auch nur im Schatten eines großen Baumes. Das ist aber oft wetterabhängig. Da bestimmt bei allen Teilnehmern und Teilnehmerinnen Erfahrungen mit Helligkeit und Dunkelheit vorauszusetzen sind, ist es auch möglich, diese Erfahrungen nur anzusprechen.

Wir kommen schon an das Ende unseres gemeinsamen Weges und Sie erleben hier den Wechsel zwischen der Dunkelheit im Wald und der Helligkeit außen im Sonnenschein, und ich möchte Ihnen ein paar Erfahrungen in Erinnerung rufen, die mit dem Sehen zu tun haben, mit dem Wechsel zwischen hell und dunkel *(je nach Situation der Station).*

Vielleicht sind Sie schon einmal im Sommer bei strahlendem Sonnenschein in einen Tunnel gefahren und fühlten sich im ersten Moment wie blind. Oder Sie erinnern sich an Situationen, als der Strom ausfiel, an das Erlebnis der Dunkelheit, an das mühsame Sich-Zurechtfinden in der eigentlich vertrauten Wohnung. Womöglich haben Sie es auch schon einmal erlebt, wenn die Nacht in die Dämmerung und dann in einen hellen Morgen übergeht.

Das Licht ist ein Zeichen von Hoffnung und Neubeginn. Das zeigt uns jeder neue Tag. In Zeiten ohne Strom und elektrisches Licht war das noch eindrücklicher als heute. Die Erfahrung der Helligkeit wird auch in biblischen Ankündigungen als Hoffnungszeichen gebraucht. Als Beispiel lese ich ein paar Zeilen aus einem Text, den Sie alle aus der Weihnachtszeit kennen:

Das Volk, das im Finsteren wandelt, sieht ein großes Licht. Über denen, die im Finstern wohnen, strahlt ein Licht auf. JESAJA 9,1

Später bezeichnet Jesus Christus sich selbst als dieses Licht. Und doch erfahren wir immer wieder die Dunkelheiten dieser Welt.

In einer kurzen Pause gebe ich Raum, um sich an persönliche Erfahrungen zu erinnern, diese eventuell auch zu benennen.

Vielleicht mögen Sie in der folgenden kurzen Pause über Ihre Erfahrungen mit Dunkelheit in Ihrem Leben nachdenken, möglicherweise wollen Sie auch darüber reden …

Pause

Trotz aller Erfahrungen der Dunkelheit bleibt für mich diese Dunkelheit nicht allumfassend. Es galt und gilt die Zusage von Jesus Christus:

Ich bin das Licht der Welt. Wer mir nachfolgt, der wird nicht in der Finsternis unterwegs sein, sondern wird das Licht des Lebens haben. JOHANNES 8,1

Mag sein, dass uns vieles dunkel vorkommt, dass es dunkle Zeiten im Leben gibt, aber diese Zusage steht über unserem Leben. Das Vertrauen in diese Zusage drückt für mich ein Lied besonders schön aus. Es ist ein Adventslied mit einem Text von Jochen Klepper. Ich lese einen Vers aus dem Adventslied »Die Nacht ist vorgedrungen«:

Noch manche Nacht wird fallen
auf Menschenleid und -schuld.
Doch wandert nun mit allen
der Stern der Gotteshuld.
Beglänzt von seinem Lichte,
hält euch kein Dunkel mehr.
Von Gottes Angesichte kam euch die Rettung her.
EVANGELISCHES GESANGBUCH 16,4

Pause

10–20 Minuten Gehen wir nun den Weg *(kurze Hinweise über den Wegverlauf)* zurück zu unserem Ausgangspunkt. Dort werden wir noch einen gemeinsamen Abschluss haben.

5 Minuten **Am Ausgangspunkt**

Herzlichen Dank für Ihr Mitgehen und Ihre Bereitschaft, sich auf die Gedanken und Vorschläge einzulassen. Ich hoffe, es hat Ihnen gefallen und Sie nehmen die eine oder andere Anregung mit nach Hause.

Zum Abschied möchte ich Ihnen noch ein Segenswort mitgeben für die Wege, die nun vor uns liegen, das die Dinge aufnimmt, die wir heute mit neuen Augen ganz bewusst um uns herum entdeckt und erlebt haben:

Der Herr segne dich,
so wie die Sonne,
die die Blumen zum Leuchten bringt.

Der Herr segne dich,
so wie der Regen,
der den Pflanzen den Saft zum Leben gibt.

Der Herr segne dich,
so wie der Wind,
der die schwarzen Wolken vertreibt.

Der Herr segne dich,
so wie der Schnee,
der alles Schmutzige zudeckt.

Der Herr segne dich,
so wie der Tag,
der dich zum neuen Leben erweckt.

Der Herr segne dich,
so wie die Nacht,
die dir Ruhe gönnt von des Tages Lasten
und dich stärkt für neues Tun.

Kurt Rommel

Herzwanderung: »Geh aus, mein Herz, und suche Freud ...«

Das Thema dieser Wanderung ist das Herz. Das Herz als Organ, aber auch als Bezeichnung für die Mitte des Menschen. Ursprünglich war dieser Spaziergang für Patienten und Patientinnen einer kardiologischen Rehaklinik konzipiert. Daher ergibt sich eine große Behutsamkeit im Umgang mit den Teilnehmerinnen und Teilnehmern, sowohl im Bezug auf körperliche Möglichkeiten, aber noch mehr bei den Erwartungen im seelischen Bereich. Diese Behutsamkeit, die für Herzpatienten nötig ist, empfiehlt sich auch bei Gruppen anderer Zusammensetzung, da das Thema Menschen mit Herzproblemen anspricht. Im Handbuch der Krankenhausseelsorge (Michael Klessmann, Hg., Handbuch der Krankenhausseelsorge, Göttingen 1996, S. 64-73) beschreibt Ulrike Johanns die Seelsorge mit Herzinfarkt-Patienten sehr eindrücklich. Das Lebensmotto für diese Patienten ist »alles im Griff zu haben« und der Krankheit mit »Furchtlosigkeit« (ebd. S. 69) zu begegnen. Diese inneren Grenzen der Patienten zu durchbrechen ist nicht unsere Aufgabe und kann sehr gefährlich sein. Die behutsame Begegnung bis zu dem Punkt, an dem der Teilnehmer oder die Teilnehmerin selbst Grenzen setzt, ist bei Gesprächen auf dieser Wanderung besonders zu berücksichtigen.

Für die Auswahl des Weges gelten ähnliche Kriterien wie bei allen anderen Wanderungen. Zügig gegangen sollte der Weg etwa eine Stunde, mit den TeilnehmerInnen langsam gegangen dann zwei Stunden dauern. Bei Herzpatienten ist sehr genau auf die Belastungsfähigkeit zu achten. In den Kliniken setzen wir nur eine Wegstrecke von (zügigen) 30 Minuten an, dann mit entsprechend weniger Stationen. Der Wegverlauf sollte nicht zu öffentlich sein und an manchen

Stationen auch die Möglichkeit bieten, sich zu setzen. Es ist schön, einen Rundkurs zu wählen, der in Einzelabschnitten leicht zu beschreiben ist, um nicht immer die Spitze anführen zu müssen. Das Thema Herz braucht keine bestimmten örtlichen Voraussetzungen, die Stationen sollten gleichmäßig verteilt sein und einfach schön »für die Seele« sein.

Wie immer ist der vorliegende Aufbau auch in anderer Reihenfolge oder auch verkürzt verwendbar.

Am Ausgangspunkt

5 Minuten

Am vereinbarten Treffpunkt wird die Gruppe kurz begrüßt und an das Thema herangeführt.

Liebe …

Zu unserer heutigen spirituellen Wanderung begrüße ich Sie ganz herzlich. Ich darf mich kurz vorstellen *(wenn nötig)*. Wir gehen einen Weg miteinander als Gruppe für eine bestimmte Zeit *(hier besteht die Möglichkeit, dass die TeilnehmerInnen sich untereinander vorstellen)*.

Wir gehen einen Weg, der unter einem Thema steht, das in unser aller Leben gehört. Wir machen eine Herzwanderung.

Dazwischen werden wir kurze Pausen einlegen, und ich werde Ihnen einen kurzen Text oder ein paar Gedanken vortragen, die jeweils ganz unterschiedliche Blicke auf unser Herz werfen.

Zwischen den Stationen gehen wir immer wieder ein ganzes Stück miteinander, sodass die Möglichkeit besteht, miteinander ins Gespräch zu kommen.

10–15 Minuten *Die Gruppe geht dann gemeinsam los, das Tempo soll Gespräche gut zulassen. Es hat sich bewährt, bis zur ersten Station erst einmal 10 bis 15 Minuten zu gehen.*

10 Minuten 1. Wegstation: Herzrhythmus

Wir lenken die Aufmerksamkeit der Teilnehmer und Teilnehmerinnen zunächst kurz auf sich selbst, was sich als Einstieg in das Thema anbietet.

Wir legen hier eine erste Pause ein. Bleiben Sie einmal stehen, suchen Sie sich eine bequeme Position. Ich möchte Sie einladen, Ihrem Herzschlag ein wenig Aufmerksamkeit zu widmen. Wenn Sie wollen, fühlen Sie sich einmal den Puls. Es geht nicht um irgendwelche medizinischen Erkenntnisse oder um Messungen wie in der Klinik. Spüren Sie einfach nur einmal:

Mein Herz schlägt!
Ich spüre es!
Ich bin lebendig!
Mein Herz schlägt! *(Pause)*

Das Herz schlägt, der Herzmuskel arbeitet stetig und zuverlässig. So werden Blut, Sauerstoff und Nährstoffe durch unseren Körper transportiert. Mit jedem Schlag.

Bei normalem Puls von etwa 70 Schlägen pro Minute schlägt das Herz 100.000 mal pro Tag. Es schlägt und wir leben. Die unter Ihnen, die Probleme mit dem Herzen hatten oder haben, fühlen es vielleicht noch einmal ganz anders und sehr viel bewusster. Der Herzmuskel arbeitet, mein Herz schlägt, ich lebe *(Pause)*.

Das Herz ist das einzige Organ, dessen Arbeit von außen richtig spürbar ist. Kein Wunder, dass es lange Zeit als Mitte unseres Menschseins, als Sitz unserer Gefühle angesehen wurde. Viele Redewendungen zeugen davon. Beispielsweise: Ans Herz gewachsen sein, sich etwas zu Herzen nehmen, etwas nicht übers Herz bringen, das Herz auf dem rechten Fleck haben, ein Herz und eine Seele sein, das Herz verlieren, das Herz schlägt mir bis zum Halse, eine Herzensangelegenheit, Herzenswünsche, ja sogar: herzliche Grüße.

Hier ist es gut, nur ein bis zwei Redensarten zu nennen und die TeilnehmerInnen selber ihre Erfahrungen beitragen zu lassen.

Auch in biblischen oder religiösen Texten finden wir dieses Verständnis vom Herz. Im 38. Psalm wird Angst mit den Worten umschrieben: »Mein Herz erbebt« (Psalm 38,11). Oder Gottes Kenntnis von uns Menschen bis ins Innerste wird mit dem Satz »Gott kennt ihr Herz« ausgedrückt.

Als Innerstes von uns Menschen steht Herz also auch für die direkte und unverfälschte Beziehung zu Gott. Aus diesem Grund spielt das Herz in vielen Kirchenliedern eine große Rolle. In einem Morgenlied von Paul Gerhardt heißt es: »Wach auf, mein Herz, und singe dem Schöpfer aller Dinge, dem Geber aller Güter, dem frommen Menschenhüter.« Und später: »Die (gemeint sind die Gebete und Lieder, die Gott dargebracht werden) wirst du nicht verschmähen, du kannst ins Herze sehen; denn du weißt, dass zur Gabe ich ja nichts Bessres habe« (Evangelisches Gesangbuch 446, 1 und 6).

Und ein Loblied, ebenfalls aus der Feder Paul Gerhardts, beginnt mit der Zeile: »Ich singe dir mit Herz und Mund, Herr, meines Herzens Lust. Ich sing und mach auf Erden kund, was mir von dir bewusst« (Evangelisches Gesangbuch 324).

In dem bekannten Passionslied »O Haupt voll Blut und Wunden« heißt es im letzten Vers: »Da will ich nach dir blicken, da will ich glaubensvoll dich fest an mein Herz drücken, wer so stirbt, der stirbt wohl« (Paul Gerhardt, Evangelisches Gesangbuch 85, 10).

Für mich ist es ganz wichtig, dass dieses Herz, das mir meine Lebendigkeit durch das stete Schlagen anzeigt, auch in direkter Verbindung zu meinem Schöpfer steht, der mir das Leben geschenkt hat. Herz ist so auch ein Ausdruck für meine Mitte und meine Beziehung zu Gott.

10–20 Minuten *Nach einer kurzen Stille kann die Gruppe mit einer knappen Wegbeschreibung zur nächsten Station weitergeleitet werden. Dazu verwenden wir gerne Worte eines weiteren Kirchenliedes (Evangelisches Gesangbuch 503).*

»Geh aus, mein Herz, und suche Freud ...« – mit diesen Worten möchte ich Sie zu unserer nächsten Station leiten *(Wegbeschreibung)*. Vielleicht tut es Ihnen gut, nachzusinnen über die Natur, durch die wir gehen, und über unsere eigene Beziehung zu Gott von unserer Mitte, von unserem Herzen aus.

10 Minuten

2. Wegstation: Herzwand

An dieser Station ist es gut, wenn eine Möglichkeit zum Hinsetzen besteht. Die TeilnehmerInnen bekommen einige Hinweise:

Suchen Sie sich bitte einen Platz, sodass Sie bequem sitzen und zuhören können. Spüren Sie, wie gut es tut, einen Moment Pause zu machen, genießen Sie das Ankommen und Dasein hier an diesem Ort.

Das Herz als lebenswichtiges Organ, aber auch als unsere Mitte, aus der eine Beziehung zu Gott wachsen kann, diese Gedanken haben uns bis hierher begleitet. Das Herz ist aber auch Mittelpunkt einer ganz eigenen medizinischen Richtung, der Kardiologie, die wahre Wunder vollbringt, um Krankheiten des Herzens zu heilen oder zu bessern. Katheteruntersuchungen sind Routine geworden, Herzschrittmacher, Bypassoperationen, all das gibt es und es ermöglicht vielen Menschen ein neues Leben.

Ich halte es auch für wichtig, sich diesen Methoden zu öffnen, die Chancen und Möglichkeiten, die uns die technischen Errungenschaften schenken, wahrzunehmen. Gleichzeitig ist und bleibt es für mich aber ein Wunder, was da passiert und was alles möglich ist. Auch wenn es in der Medizin ganz alltäglich klingt. Da wird ja oft schon geredet wie in einer Autoreparaturwerkstatt: »die Pumpe wird ausgewechselt, die Ventile werden gereinigt …«

Ich denke aber, es lohnt sich, gerade wenn dieser Muskel streikt, einen Blick darauf zu werfen und zu fragen, warum das Herz denn nicht mehr wollte. Ich denke, es hat auch etwas zu tun mit den Gefühlen, die wir mit dem Herzen verbinden: Manchmal muss einer sein Herz verhärten, immer wieder und wieder, um überhaupt das Leben zu bewältigen. Das schwächt das Herz. Oder das tägliche Leben fordert zu viel Anstrengung, immer mithalten, immer über die Kräfte hinaus weitermachen. Auch ein Herz kann überanstrengt werden. Nur gibt es da nicht den warnenden Muskelkater, da sammelt sich die Überanstrengung in aller Stille an.

Und manches setzt dem Herzen zu, geht »ans Herz«, wie der Volksmund sagt, manches nimmt man sich »zu Herzen«: Verluste, Niederlagen, Fehler, so vieles, was im Leben verletzt und im Herz schmerzt.

Peter Härtling, ein deutscher Schriftsteller, hat einen autobiographischen Roman geschrieben: »Die Herzwand«.

Seine Herzwand ist zu dick und anlässlich einer Katheteruntersuchung und eines Kuraufenthalts deckt er im Lebensrückblick Schicht um Schicht auf, warum er denn in seinem Leben diese Wand aufgebaut hat und auch aufbauen musste, um weiterzuleben.

Ich lese Ihnen ein paar kurze Abschnitte aus Peter Härtlings Roman »Die Herzwand« vor:

Ich staune, wie leicht es mir fällt, das Unerlaubte zu denken, zu schreiben. Ich denke es durch den hindurch, ... der in seinem Zimmer lag, den Sandsack auf dem Bauch, ... durch den hindurch, der eben erfuhr, wie sich die Herzwand von innen anspart, und noch nicht davon sprechen kann, denke zurück bis zu dem 12-Jährigen ...

Und später schreibt er:

Im Postfach finde ich die Mitteilung, dass ich morgen um elf bei Doktor K. vorsprechen solle. Es sei ein Gespräch notwendig geworden. Ich rufe zu Hause an, sage es M. Hast du Angst? Ich versichere ihr (und mir), dass dem nicht so sei. Wovor? Ich mit meiner dicken Herzwand.

Erst langsam dringt Peter Härtling zu der Angst vor, die einhergeht mit Krankheiten am Herzen und gegen die anzugehen er immer sein ganzes Herz eingesetzt hat.

Pause

Lassen Sie sich Zeit, ein wenig über diese Worte nachzudenken, machen wir uns dabei wieder auf den Weg ...

Mit kurzen Anweisungen zum Wegverlauf geht die Gruppe zur nächsten Station. 10–20 Minuten

3. Wegstation: Das Herz und die Liebe

5 Minuten

Vielleicht finden Sie bei der Vorbereitung der Wanderung einen Baum oder eine Bank oder Ähnliches, worauf die typischen Zeichen einer Liebesgeschichte verewigt sind: zwei Anfangsbuchstaben und ein Herz drumherum. Falls das nicht der Fall ist, behelfen wir uns mit einem DIN-A4-Blatt, worauf wir dies aufgemalt haben. Entsprechend führen wir die Gedanken zu der Station ein.

Wieder werden die TeilnehmerInnen gebeten, sich einen guten Stand- oder (wenn möglich) Sitzplatz zu suchen.

Suchen Sie sich einen guten Standplatz oder setzen Sie sich, um ein wenig zu verschnaufen. Ich möchte Ihren Blick auf dieses Zeichen lenken. Etwas, das mit dem Herz zu tun hat und das Sie bestimmt alle kennen. Wer hat das nicht schon einmal heimlich oder zu zweit irgendwohin gemalt, beispielsweise auf die beschlagene Fensterscheibe im Schulbus, vielleicht sogar in einen Baum oder Ähnliches geritzt.

Das Herz ist auch unser Symbol für die Liebe, für lebendige Beziehungen zu anderen Menschen, zu uns selbst und für mich auch zu Gott.

Dieser Dreiklang der Liebe findet sich im so genannten biblischen Liebesgebot: Du sollst Gott, deinen

Herrn, lieben von ganzem Herzen, von ganzer Seele von ganzem Gemüte und von allen deinen Kräften. Und du sollst deinen Nächsten lieben wie dich selbst (Markus 12,30f.).

Mir ist im Laufe der Zeit gerade diese Ausgewogenheit und Dreiteilung des Gebotes wichtig geworden. Immer begegnet es mir in Lebensgeschichten von Menschen und in der Kirchengeschichte, dass eines der drei Teile überbewertet wird. Nicht umsonst nannte Jesus es so und nicht anders: Gottesliebe, Nächstenliebe und Eigenliebe gehören zusammen.

Gott lieben, für mich heißt das: auf seine Liebe antworten, mich davon tragen und begleiten lassen, versuchen, ihm in meinem Leben Platz zu geben. Den Nächsten lieben, diese Liebe weitergeben. Und mich selbst lieben in allen Facetten, in allem, wie Gott mich geschaffen hat mit meinen Schwächen und Stärken. Mir selbst genauso wie anderen Gutes tun.

Für mich ist es wie das Bild einer Waage: Oben der Balken, das ist Gottes Liebe, die mich trägt und begleitet und auf die ich in meinem Leben zu antworten versuche. Unten die beiden Waagschalen: die Liebe zu anderen und zu mir selbst, die ausgewogen sein darf, damit die Waage im guten Gleichgewicht bleibt. Und in diesem Gleichgewicht bleibt sie, wenn sie sich immer wieder rückbezieht auf Gott.

Vielleicht ist für Sie manches an dem Bild neu. Die Tradition neigte immer wieder dazu, die Nächstenliebe allein hervorzuheben und dabei den Dreiklang, den Jesu Christus uns mitgab, außer Acht zu lassen.

10–20 Minuten *Nach einer kurzen Pause macht sich die Gruppe mit einer kurzen Wegbeschreibung auf zur nächsten Station.*

4. Wegstation: Herzensgebet

15 Minuten

An der vorliegenden Station geht es um ein sehr innerliches Gebet, das so genannte Herzensgebet. Dazu ist es gut, auch wieder Möglichkeiten zum Sitzen vor Ort zu haben.

Ich möchte Sie noch einmal einladen, zur Ruhe zu kommen. Suchen Sie sich bitte einen geeigneten Platz, von dem aus Sie mich noch gut hören können, aber nicht abgelenkt sind.

Das Herz als Ausdruck für unser Inneres, als Symbol für die Liebe, für intensive Beziehungen auch zu Gott, davon haben wir bei den letzten Stationen gehört. Diese Beziehung zu Gott wird auch im so genannten Herzensgebet angerührt. Es hat eine sehr alte Tradition aus der Sehnsucht heraus, Gottes Nähe ganz intensiv zu spüren.

Natürlich ist hier weder Raum noch Zeit für eine intensive Gebetsversenkung – und das Herzensgebet bedarf einer langen Einübungszeit. Damit möchte ist Sie auch nicht überfallen. Aber ich möchte Sie einladen, eine kleine Übung zum Herzensgebet mitzumachen und sich ein wenig einzustimmen auf den eigenen Rhythmus, die Atmung, den Herzschlag und vielleicht auch auf Gott.

Aus dieser Übung ist es möglich, Gelassenheit zu gewinnen, und das tut uns wohl allen gut.

Wenn Sie können, schließen Sie die Augen. Atmen Sie ein paarmal ganz bewusst ein und aus. Spüren Sie Ihrem Atem nach bis in die Fingerspitzen, bis hinunter in Ihre Zehen. Atmen Sie ein und aus. Ein und aus. So, dass sie beim Atmen ihren eigenen Rhythmus finden. Ihren Herzschlag spüren. Atmen Sie ein und aus. …

Versuchen Sie nun beim Einatmen zu denken: Jesus Christus, mein Herr. Und beim Ausatmen: Erbarme dich meiner. Einatmen: Jesus Christus, mein Herr. Ausatmen: Erbarme dich meiner.

An dieser Stelle schenken wir der Gruppe etwa 5 bis 10 Minuten Stille. Das kann je nach Art der Gruppe und deren innerer Sammlung variieren. Auch die Anleitung sollte mit Gespür für die Bedürfnisse der Gruppe gestaltet werden, manchmal sind längere Pausen nötig, manchmal mehr Wiederholungen. – Wir beenden diese Übung folgendermaßen:

Kommen Sie nun wieder langsam hier an. Atmen Sie noch ein paarmal ein und aus. Sagen Sie sich dabei: Ich bin hier im ... Ich bin mit einer Gruppe auf einer gemeinsamen Wanderung.

Öffnen Sie die Augen, schauen Sie sich um, die Natur, die Bäume ..., die anderen TeilnehmerInnen der Gruppe. Strecken und recken Sie sich ein wenig. *(Pause)*

Wenn Sie soweit sind, dann brechen wir von hier
10–20 Minuten wieder auf und machen uns gemeinsam auf den Weg zur nächsten Station *(kurze Hinweise zum Wegverlauf)*.

Vielleicht tut es Ihnen gut, jetzt Erfahrungen auszutauschen, vielleicht wollen sie einfach still vor sich hingehen. All das ist möglich.

10 Minuten

5. Wegstation: Ein fröhliches Herz

Suchen Sie sich auch hier wieder einen bequemen Platz, von dem aus Sie gut zuhören können.

Bei Sirach, einem Weisheitslehrer aus dem Alten Testament, finden sich einige Verse, in denen es um das Herz geht:

Gib dich nicht der Traurigkeit hin und plage dich nicht selbst mit deinen eigenen Gedanken. Denn ein fröhliches Herz ist des Menschen Leben, und seine Freude verlängert sein Leben. Ermuntere dich und tröste dein Herz und vertreibe die Traurigkeit von dir, denn die Traurigkeit tötet viele Leute und dient doch zu nichts. Eifer und Zorn verkürzen das Leben, und Sorge macht alt vor der Zeit. Wein und Saitenspiel erfreuen das Herz; aber die Weisheit ist liebenswerter als sie beide. Flöte und Harfe klingen schön; aber eine freundliche Rede ist besser als sie beide.

JESUS SIRACH 30,21-24

Manchmal klingt es ganz ähnlich, wenn mir Patientinnen oder Patienten bei Besuchen ihr Leid klagen. Es ist alles so traurig, nichts freut mich. Alles ist grau und düster.

Ein fröhliches Herz macht das Leben der Menschen gut, so hat es der Weisheitslehrer Jesus Sirach vor zweieinhalbtausend Jahren geschrieben. Das stimmt noch immer, aber was ist mit all dem, was der Freude entgegensteht? Manchmal ist die Traurigkeit ja wie ein Sog, sie bedroht das Leben. Einige Menschen können gewisse Zeiten nur überleben mit Hilfe von Medikamenten. Und wenn wir ihnen begegnen, macht sie Angst, diese Traurigkeit, das lässt uns Abstand halten.

Was mich an den alten Worten dieses biblischen Weisheitslehrers fasziniert, ist die ungeschminkte Nüchternheit, mit der er sich das alltägliche Leben anschaut. Da steht kein billiger Trost, nicht der banale Satz: »Sei nicht traurig« oder gar: »Reiß dich zusammen!« Vielmehr gibt er ein paar handfeste Tipps:

Er sucht nach Gründen, warum das Herz traurig wird. Oft sind es unsere eigenen Gedanken, die sich immer grübelnd um sich selbst drehen. Manchmal sind diese Gedanken ausgelöst durch eigene Fehler oder ein schlimmes Erleben oder durch zuviel Arbeit, Verantwortung und Stress.

Jesus Sirach nennt ein paar Möglichkeiten, um diesen Kreislauf aufzubrechen: Wein und Saitenspiel. Das mit dem Wein ist vielleicht eher mit Vorsicht zu genießen. Wein gegen Traurigkeit, das funktioniert auf Dauer nicht und bringt mehr Probleme als Lösungen. Musik ist manchmal wirklich eine Hilfe. Für eine gute Stimmung, zur Entspannung oder auch einmal, um das Alleinsein erträglicher zu machen.

Denn das ist das andere. Manchmal braucht man jemanden, der die kreisenden Gedanken unterbricht – und darin liegt häufig das Dilemma: Es ist für andere Menschen häufig nicht leicht, sich einem traurigen Menschen zuzuwenden und die Traurigkeit mit auszuhalten. Aber es ist eine ganz große Hilfe, etwas, was die Spirale der Traurigkeit unterbrechen kann, dass ein anderer für einen da ist.

Eine solche Gewissheit des Nichtalleinseins kann einem auch der Glaube geben. Gott ist da, auch in der Tiefe der Traurigkeit, auch wenn er gar nicht mehr zu spüren ist.

Und wichtig sind auch immer wieder andere Menschen. Jemand, mit dem man reden kann. Eine freundliche Rede, so sagt Jesus Sirach, ist wichtiger als alles andere.

Jesus Sirach hat den Ratschlag mit der freundlichen Rede an den Schluss seiner Worte gesetzt. Vielleicht, weil es in einer traurigen Situation so schwer ist, und vielleicht, weil es so naheliegend ist, dass wir oft gar nicht daran denken.

Wir können uns selbst rechtzeitig umsehen nach verschiedenen Gesprächspartnern, wir können das gute Gespräch immer wieder pflegen. Denn wenn wir Unterhaltungen und freundliche Rede pflegen, tun wir etwas ganz lebenswichtig Gutes für unsere Herzen und für die der anderen, auf die wir mit einem Gespräch zugehen *(Pause)*.

Wir haben es heute getan, uns gute Gespräche und viel Miteinander geschenkt. Ich hoffe, es hat Ihnen gut getan. Gemeinsam gehen wir nun noch zurück zu unserem Ausgangspunkt *(Hinweis zum Wegverlauf)*, um uns dort für heute zu verabschieden. 10–20 Minuten

Am Ausgangspunkt

5 Minuten

An dieser Stelle möchte ich mich von Ihnen verabschieden. Vielen Dank für Ihr Mitgehen, innerlich wie äußerlich. Ich hoffe, Sie konnten ein wenig für sich selbst mitnehmen.

Schließen möchte ich mit einem Gebet, in dem noch einmal sehr deutlich wird, wie sehr das schlagende Herz auch tiefer Ausdruck unserer Lebendigkeit ist und uns in den lebendigen Austausch mit uns selbst und den andern führen will.

> Jeder Atemzug sagt mir:
> das Leben geschieht,
> das Licht singt,
> die Freude jubelt,
> die Liebe brennt,
> der Himmel tanzt.
> Das Ganze wirkt in mir
> unverlierbar, unzerstörbar
> über mein jetziges Leben hinaus.

Jeder Herzschlag erinnert mich:
ich bin geerdeter Himmel,
gelebter Atem,
geliebtes Ja,
schöpferische Kraft,
göttliches Geheimnis,
untrennbarer Teil des Ganzen,
unverwechselbar, unersetzlich
über Zeit und Raum hinaus.

Jeder Pulsschlag offenbart mir:
ich bin himmlischen Ursprungs,
eingehauchter Lebensodem,
unauslöschliches Feuer des Heiligen Geistes,
fleischgewordener Liebesgedanke,
unvergleichliches Kunstwerk,
ein Gesamtkunstwerk meines Schöpfers
im großen Gefüge des Seins,
einmalig, einzigartig,
über Geburt und Tod hinaus.

Benedikt Werner Traut

Kreuzwege

Der spirituelle Spaziergang zum Thema Kreuzwege führt zu verschiedenen Stationen, die symbolisch für Kreuzweg-Erfahrungen im eigenen Leben stehen. Hier wird Raum gegeben, sich damit auseinander zu setzen, auch mit der notwendigen Trauer. Gefördert durch den persönlichen Austausch in der Gruppe können Einzelne vielleicht neue Umgangsmöglichkeiten damit entdecken.

Im Vorfeld gelten für die Auswahl des Weges unabhängig vom Thema dieselben Voraussetzungen wie für alle derartigen Spaziergänge. Der Weg sollte, zügig gegangen, eine knappe Stunde dauern. Mit den verschiedenen Aufenthalten und einer langsam gehenden Gruppe ist dann für den gesamten Spaziergang ein Zeitraum von etwa zwei Stunden anzusetzen. Ist weniger Zeit vorhanden, müssen die Stationen reduziert werden.

Die Strecke sollte gerade bei diesem emotional sehr bewegenden Thema nicht öffentlich sein, sondern die Möglichkeit bieten, unbeobachtet seinen eigenen Gefühlen Raum zu geben und eigenen Gedanken nachzuhängen. Bei Gruppen mit älteren oder gehbehinderten Teilnehmern und Teilnehmerinnen ist darauf zu achten, dass der Weg dem angemessen ist und eventuell bei den Stationen eine Möglichkeit zum Hinsetzen besteht. Wenn die Gegebenheiten es erlauben, ist es schön, einen Rundkurs als Wegstrecke zu wählen. Um während der Spaziergänge nicht immer die Führung ganz vorne übernehmen zu müssen, hat es sich bewährt, eine leicht zu beschreibende Wegstrecke zu wählen, die mit einigen wenigen Anweisungen verständlich beschrieben werden kann. Das ermöglicht uns, auch einmal im Gespräch mit den »Schlusslichtern« der Gruppe zu bleiben.

Speziell für das Thema Kreuzwege benötigt man folgende Voraussetzungen:

Für den Start oder Treffpunkt eine Kirche, Kapelle oder ein Wegkreuz, um die religiöse Verbindung zum Kreuz Jesu, dessen Kreuzweg und den eigenen Kreuzwegen im Leben deutlich zu machen. Der Weg kann dann über eine Wegkreuzung oder zumindest eine Weggabelung führen, an einer Felswand oder Mauer vorbei. Danach zu einer Stelle, an der Steine von ganz unterschiedlicher Größe am Boden liegen, die gegebenenfalls auch ein Stück getragen werden können. Eine weitere Station ist ein einsam gelegener Ort, vielleicht unter einem großen Baum, dann ein Bach oder Fluss, über den eine Brücke führt. Als letzte Station versammelt sich die Gruppe an einem Wegweiser. Dieser kann im Wald und sehr verwittert sein. Es geht aber auch ein ganz offizieller Straßenwegweiser. Das Ende des Spaziergangs gestalten wir wieder am Ausgangspunkt mit einem Abschluss in der Kapelle oder Kirche oder unter dem Wegkreuz.

Wie immer sind die Stationen auch in anderer Reihenfolge zu verwenden und den Gegebenheiten des Ortes anzupassen. Diese Wanderung ist auch im Winter möglich, aber nicht so günstig, da die Aufenthalte sehr viel Raum brauchen für eigene Gefühle und ein rasches Weitergehen manches vielleicht unterdrückt.

Für flexible Gruppen bieten sich am Wasser und auf dem Weg zum Wegweiser zwei Varianten an, die unter 5A und 6A beschrieben sind. Dafür ist insgesamt eine dreiviertel bis eine ganze Stunde mehr Zeit einzuplanen.

5 Minuten **Am Ausgangspunkt**

Am vereinbarten Treffpunkt (Kirche, Kapelle oder Wegkreuz) wird die Gruppe kurz begrüßt und an das Thema herangeführt.

Liebe ...

Zu unserem heutigen spirituellen Spaziergang heiße ich Sie ganz herzlich willkommen. Ich darf mich kurz vorstellen *(wenn nötig)*.

Ich habe Sie eingeladen zum Thema Kreuzweg und ich freue mich, dass Sie sich darauf eingelassen haben und gekommen sind, denn es ist ja ein Thema, das auch an schwierige Situationen auf dem eigenen Lebensweg rührt. Kreuzweg, das ist ein Ausdruck aus unserer christlichen Tradition, deswegen treffen wir uns auch heute zu Beginn unter dem Kreuz. Für uns steht es als Zeichen für Jesus Christus, sein Leben, sein Leiden für uns, aber auch seine Auferstehung und die Hoffnung, die wir durch ihn haben.

Wir werden gemeinsam zu verschiedenen Stationen gehen und uns erinnern an eigene Kreuzwegerfahrungen. Wir lassen Raum für diese Erinnerungen und auch für die Gefühle, die dazugehören. An den einzelnen Stationen gebe ich Ihnen ein paar Gedanken oder kurze biblische Texte mit, die manches vertiefen, vielleicht aber auch einen neuen Weg erahnen lassen. Der Austausch untereinander über ähnliche Erfahrungen mag dazu auch helfen.

Mit kurzen Hinweisen gehen wir mit der Gruppe zur ersten Station. Diese erste Etappe sollte gut 15 bis 20 Minuten entfernt sein, um der Gruppe Gelegenheit zu geben, miteinander warm zu werden. 15–20 Minuten

5 Minuten

1. Wegstation: Wegkreuzung oder Weggabelung

Beim Erreichen der ersten Station ist es wichtig, die Aufmerksamkeit der Teilnehmer auf den Ort und den eigenen Standpunkt an diesem Ort zu wenden.

Wir stehen hier an einer Wegkreuzung. Manche von Ihnen haben sich genau in die Mitte gestellt, andere zur Seite, einige auf einen der Wege, die von hier aus in ganz verschiedene Richtungen weiterführen. Ich möchte Sie mit ein paar kurzen Impulsen einladen, diesen Standort deutlich wahrzunehmen.

Wo stehe ich? Stehe ich gut oder bin ich schon im Weitergehen? Ist es gut so für mich, hier zu stehen ...? Oder löst diese Kreuzung Unbehagen in mir aus ...? Oder Neugierde ...? Beschäftigen sich meine Gedanken mit den hier losgehenden Wegen? Wohin werden sie führen? Oder bin ich ganz hier und frage nicht, wie es weitergeht? Wo stehe ich?

Pause

Kreuzung, das kann auch manchmal zu den Kreuzwegen des Lebens gehören. Sie haben da bestimmt Ihre eigenen Erfahrungen. Wenn Entscheidungen gefordert sind und doch Ungewissheit besteht. Welches ist der rechte Weg? Es gibt Momente, wo es einen innerlich schier zerreißt zwischen dem Wissen, was richtig ist, und dem Gefühl, welchen Weg man lieber gehen würde.

Da fehlt für manchen Weg der Mut oder die Verzweiflung packt einen, weil jeder Weg Schuld oder Unsicherheit mit sich bringt. Manchmal gehen Wege auch auseinander, ob gewollt oder nicht gewollt. Es ist schmerzhaft, wenn Wege in verschiedene Richtungen auseinander führen.

Ich merke immer wieder, es geht im Leben nicht ohne Entscheidungen, und dazu gehören auch Fehlentscheidungen, Irrwege, das wissen wir alle. Das Vertrauen, dass Gott mich auch auf den Irrwegen begleitet, das tut mir gut und macht es leichter, an Kreuzungen weiter zu finden. Manchmal helfen mir auch ein paar Sätze aus einem Gebet von Sabine Naegeli (Das Leben wagen, in: Die Nacht ist voller Sterne, S. 75), das ich Ihnen vorlesen möchte:

Ich weiß, Herr,
dass ich mich täuschen kann,
auch da, wo ich mich
von dir geführt glaube,
aber ich will den Irrtum nicht fürchten,
will nicht ängstlich stehenbleiben,
denn du begleitest und segnest
meinen Weg,
wenn ich dich darum bitte.
Das Wagnis ist schön, mein Gott,
denn du lässt mich
auch über Umwege und Irrwege
nach Hause finden.

Nach diesen Worten ist eine Pause gut zum Nachsinnen und für Bemerkungen aus der Gruppe. Die Äußerungen sind bewusst sehr persönlich gehalten, um niemandem etwas aufzudrängen, aber gleichzeitig auch das Gespräch anzuregen.

Wir machen uns nun gemeinsam weiter auf den Weg *(einige Hinweise)*. Erinnern Sie sich an Ihre Kreuzungen und an die guten Entscheidungen, wo diese Wege Sie hingeführt haben. Vielleicht mögen Sie davon einander ein wenig erzählen.

20 Minuten *Zur zweiten Station sollten gute 20 Minuten Wegstrecke liegen, um das Gespräch zu fördern und eine emotionale Pause zu ermöglichen.*

5 Minuten **2. Wegstation: Mauer oder Felswand**

Diese Station kann je nach örtlichen Gegebenheiten an einer Felswand oder einer Mauer sein. Dabei ist es unwichtig, ob die Mauer eine bestimmte Größe oder Unbezwingbarkeit hat. Entscheidend ist der Symbolcharakter. Auf die örtlichen Besonderheiten kann man Bezug nehmen. An der Mauer bzw. Wand angekommen wird die Gruppe gebeten, sich einen Platz zum Zuhören zu suchen, der den Blick auf die Mauer ermöglicht.

Wir stehen hier an einer Mauer. Mauern gehören zu unserer Welt. Wir können sie uns aus unserem Leben kaum wegdenken: Mauern als Abgrenzung, als Schutz, aber auch als Hindernis. Zunächst einmal geht es nicht weiter wie gewohnt, ganz egal, ob es sich um eine große oder kleine Mauer handelt. Der Weg ist versperrt.

Und das wiederum kennen wir wohl alle aus dem persönlichen Erleben. Ein Weg ist zu Ende. Die Kinder gehen aus dem Haus. Ein Umzug. Der Ruhestand. Der Tod lässt gemeinsame Wege aufhören. Oder auch Streit und Auseinandersetzung. Da baut jemand eine Mauer zu uns auf, wir kommen nicht mehr an ihn heran.
Pause

Manchmal tut es ja auch gut, wenn Wege zu Ende gehen. Aber oft genug stoßen wir uns an diesen Mauern, die den Weg versperren, und das tut weh!

Mir ist in diesem Zusammenhang ein Psalmvers wichtig geworden: Mit meinem Gott kann ich über Mauern springen (PSALM 18,30).

Es wird nicht so weitergehen wie bisher, wenn wir einmal an eine Mauer gestoßen sind, selbst wenn wir sie überwinden *(hier kann eine Bemerkung eingefügt werden, die sich auf die tatsächlich vorhandene Mauer bezieht)*.

Für mich liegt in diesem Psalmvers »Mit meinem Gott kann ich über Mauern springen« die Zusage: Auch nach einer solchen Mauer gibt es einen Weg, geht es weiter ..., sogar, wie unser christlicher Glaube uns hoffen lässt, sogar nach dem Tod. Mit meinem Gott kann ich über Mauern springen.

Nach einer Pause wird die Gruppe mit kurzen Hinweisen wieder auf den Weg geschickt. 15–20 Minuten

3. Wegstation: Steine

15 Minuten

Diese Station besteht aus zwei Teilen. Am ersten Haltepunkt sollten verschieden große Steine sichtbar sein, auch Steine, die über einen gewissen Zeitraum und eine gewisse Wegstrecke hinweg getragen werden können. Hierbei versuchen wir vorher einzuschätzen, was die Gruppe leisten kann. Wichtig ist das symbolische Tragen eines Steins, für schwächere Personen kann dies auch ein ganz kleiner Stein sein. Von diesem Platz aus führt die Station dann über einen gemeinsamen Weg, auf dem die Steine getragen werden, zu dem zweiten Treffpunkt.

Die Teilnehmer bekommen einige Hinweise:

Suchen Sie sich bitte einen Platz, von dem aus Sie die Steine hier anschauen können, ich werde ein paar Sätze dazu sagen und dann gehen wir gemeinsam noch ein kleines Stück weiter.

Viele Steine sind hier zu sehen, kleine und große. Wer schon einmal Steine geschleppt hat, weiß, wie mühsam das ist. Und jede oder jeder von uns hat im Leben schon Lasten geschleppt, die wie ein Stein drücken. Ich möchte Sie bitten, nun ein Stück des Weges weiterzugehen bis ... *(ca. 50 m)*, dabei einen Stein zu tragen und ganz bewusst an die Lasten zu denken, die Sie tragen oder getragen haben. Wählen Sie einen Stein, mit dem Sie noch gut gehen können, er muss nicht so groß oder klein sein wie Ihre Last. Es genügt auch ein kleiner Stein als Symbol *(bei einer Gruppe mit jüngeren und kräftigen Leuten kann diese Einschränkung durchaus wegfallen).*

Wir gehen jetzt miteinander, jeder mit seiner Last, und schweigen dabei. Nehmen Sie sich Zeit für Ihre Gedanken: Was habe ich im Leben an Lasten getragen? Für mich und andere! Was drückt mich an Last und Sorge, an Fehlern und Schuld? Kann ich meine Last noch tragen?

An einem geeigneten Platz, der Konzentration ermöglicht, bleiben wir stehen und geben Gelegenheit, die Lasten abzulegen.

Wir haben Lasten getragen und ich möchte Sie einladen, diese nun auch abzulegen, hier unter dem Baum *(entsprechend der Situation abwandeln)*. Wenn Sie mögen, können Sie auch gern etwas dazu sagen, die Last nennen oder danken für das Ablegen. Sie können es aber auch ganz still tun. *(Pause)*

Jesus Christus sagte: Kommt her zu mir alle, die ihr mühselig und beladen seid, ich will euch erquicken. Nehmt auf euch mein Joch und lernt von mir, denn ich bin sanftmütig und von Herzen demütig, so werdet ihr Ruhe finden für eure Seelen. Denn mein Joch ist sanft und meine Last ist leicht (MATTHÄUS 11,28-30).

Es tut gut, Lasten abzulegen, das haben wir gerade gespürt. Es tut mir gut zu wissen, dass ich vor Gott Lasten ablegen kann. Es tut aber auch gut, dass ich nicht allein gelassen bin mit den Lasten, die es im Leben zu tragen gibt und von denen manche angenommen werden müssen.

Eine alte Geschichte aus dem Orient möchte ich Ihnen dazu mitgeben:

Eine junge Palme, ein Palmschössling, stand einst mitten in der Wüste. Noch ganz verheißungsvoll im Wachstum. Ein Mann kam durch die Wüste, dem Verdursten nah, und sah die junge Palme mit dem grünen, lebendigen Herz, um das sich die Palmfächer schlossen. Da packte ihn die Wut. Unermessliche Wut. Er hob einen Stein und drückte ihn mit aller Wucht mitten in das grüne Herz des Palmschösslings. Wenn ich sterben muss, sollst auch du nicht leben. Dann brach er zusammen.

Am Abend wurde er von Beduinen gefunden und gerettet. Als der Stein die kleine Palme mitten in das Herz traf, gab es in ihr ein furchtbares Geräusch und dann war da nur noch Schmerz ... Aber sie war noch nicht tot und im Schmerz gab es Wellenbewegungen, er war nicht immer gleich schlimm, ein wenig Kraft war noch in ihr, mit der versuchte sie den Stein abzuschütteln, wieder und wieder, doch er war zu schwer. Sie bat den Wind um Hilfe, doch der sagte nur: hoffnungslos – und verzog sich. Ich kann nicht mehr, es geht nicht, stöhnte sie. Aber in ihr sprach noch etwas anderes, eine Stimme, die zu ihr sagte: Doch, du kannst!

Aber wie, fragte die kleine Palme, ich bekomme diesen Stein nicht herunter, die Kraft reicht nicht, ich muss sterben.

Du musst die Last annehmen, sagte die Stimme, wehre dich nicht länger dagegen, das nimmt dir deine letzte Kraft, nimm sie an.

Die Palme war verzweifelt, aber sie begann, den Stein anzunehmen. Zuerst bohrte sie ihre Wurzeln tief in die Erde, um besseren Halt zu haben. Da traf sie auf eine Wasserader, und eine Quelle schoss empor. Nun war eine Oase entstanden und sie hatte genug Wasser. So konnte sie nach oben wachsen. Sie wurde nie eine schlanke, elegante Palme, nein, der Stamm war fest und kräftig, aber aus dieser Kraft wurden eines Tages neue Palmfächer. Sie wuchsen um den Stein herum, die Palme wuchs um die Last herum. Die Last war nicht verschwunden, aber sie war im Laufe der Jahre an eine Stelle gerückt, die sie erträglich machte.

MÜNDLICH ÜBERLIEFERT

15–20 Minuten *Nach einiger Zeit der Stille geht es mit neuen Anweisungen zum weiteren Wegverlauf weiter.*

10 Minuten **4. Wegstation: Einsamkeit**

Dieser Ort sollte einsam gelegen und groß genug sein, um den Teilnehmern ein wenig die Möglichkeit zu bieten, in sich zu gehen. Hilfreich wären Steine, eine Bank oder Baum-

stämme zum Hinsetzen. Die Teilnehmer werden gebeten, sich einen guten Platz zu suchen.

Suchen Sie sich bitte einen guten Platz, vielleicht wollen Sie sich setzen. Wenn es Ihnen möglich ist, können Sie die Augen schließen. Dieser Ort lenkt den Blick nicht auf einen Gegenstand oder ein Symbol, sondern führt uns zu einem anderen Kreuzweg im Leben, zu den einsamen Wegen, zur Einsamkeit.

Einsamkeit, wenn es mir nicht gut geht und es keiner sieht. Einsamkeit, wenn ich jemanden gebeten habe und zurückgewiesen werde. Einsame Wochenenden, wo nur der Fernseher zu mir spricht. Das Warten auf jemanden, der nie wieder kommt.

Einsam. Alleingelassen. Verlassen. Hilflos. Einsamkeit kann quälend sein.

Ich lese einen biblischen Text, der von der Einsamkeit Jesu im Garten Gethsemane erzählt:

Da kam Jesus mit ihnen zu einem Garten, der hieß Gethsemane, und sprach zu den Jüngern: Setzt euch hier, solange ich dorthin gehe und bete. Und er nahm mit sich Petrus und die zwei Söhne des Zebedäus und fing an zu trauern und zu zagen. Da sprach Jesus zu ihnen: Meine Seele ist betrübt bis an den Tod; bleibt hier und wacht mit mir! Und er ging ein wenig weiter, fiel nieder auf sein Angesicht und betete und sprach: Mein Vater, ist's möglich, so gehe dieser Kelch an mir vorüber; doch nicht wie ich will, sondern wie du willst!

Und er kam zu seinen Jüngern und fand sie schlafend und sprach zu Petrus: Könnt ihr denn nicht eine Stunde mit mir wachen? Wachet und betet, dass ihr nicht in Anfechtung fallt! Der Geist ist willig; aber das Fleisch ist schwach. MATTHÄUS 26,36-41

Für mich ist diese Einsamkeit Jesu wichtig geworden. Er weiß um das Verlassensein und Verlassenwerden, er hat sich auch gottverlassen gefühlt und es ausgesprochen. »Warum hast du mich verlassen?« Warum bin ich so allein? Wir wissen heute, er war nicht allein gelassen, Gott aber ist nicht immer zu spüren.

Vielleicht gibt das Kraft, Einsamkeit zu ertragen, aber auch Mut, immer wieder den Schritt zu wagen hinaus aus der Einsamkeit in den Austausch mit anderen, die auch einsame Lebensabschnitte erfahren haben und erfahren.

Öffnen Sie die Augen, wenn Sie sie geschlossen hatten, kommen Sie wieder hier an ... *(kurze Beschreibung des Ortes)*. Jeder weiß um die Einsamkeit, doch wir sind hier auch, um gemeinsam weiterzugehen.

Machen wir uns auf den Weg zur nächsten Station ... *(kurze Wegangabe)*.

10–20 Minuten *Jetzt ist es uns ganz wichtig, die einzelnen Teilnehmer gut im Blick zu behalten, Emotionen wahrzunehmen und sich um Zurückgezogene zu bemühen. Das Angebot des Miteinandergehens können wir sehr persönlich und hilfreich erleben lassen.*

5 Minuten

5. Wegstation: Wasserlauf und Brücke

Wenn sich die Möglichkeit bietet, zuerst an einen Wasserlauf zu kommen und dann ein kleines Stück weiterzugehen zu einer Brücke, ist das ideal. Es lässt sich aber auch beides verbinden. Für aktive und bewegliche Gruppen bietet es sich je nach Jahreszeit an, eine Brücke zu bauen. Dann sollte der Wasserlauf allerdings nicht zu groß und breit sein (vgl. Wegstation 5 A).

Die Teilnehmer werden wieder gebeten, sich Platz zu suchen.

Wir stehen hier am Wasser, wieder einmal ist der Weg versperrt, zumindest bereitet es Mühe, hindurch zu kommen. Das ist eine sehr alte Erfahrung und es gibt eine biblische Geschichte, eine Wundergeschichte, die Sie alle kennen, in der Gott das Wasser einfach teilt:

Da sprach Mose zum Volk: Fürchtet euch nicht, stehet fest und sehet zu, was für ein Heil der Herr heute an euch tun wird. Denn wie ihr die Ägypter heute seht, werdet ihr sie niemals wiedersehen. Der Herr wird für euch streiten, und ihr werdet stille sein. Und der Herr sprach zu Mose: Was schreist du zu mir? Sage den Israeliten, dass sie weiterziehen. Du aber hebe deinen Stab auf und recke deine Hand über das Meer und teile es mitten durch, sodass die Israeliten auf dem Trockenen mitten durch das Meer gehen.

Als nun Mose seine Hand über das Meer reckte, ließ es der Herr zurückweichen durch einen starken Ostwind die ganze Nacht und machte das Meer trocken, und die Wasser teilten sich. Und die Israeliten gingen hinein mitten ins Meer auf dem Trockenen, und das Wasser war ihnen eine Mauer zur Rechten und zur Linken. EXODUS / 2. MOSE 14,13-16.21F.

Ein Wunschtraum: Gott kommt, räumt uns das Problem aus dem Weg und alles ist wie vorher. Ohne Anstrengung ist der Weg frei! Auch wenn man gelegentlich solche Erfahrungen im Leben machen kann, im Allgemeinen geht es anders, da gilt es zu leben, Grenzen zu erfahren und Hindernisse zu überwinden. Da steht das Wasser bis zum Hals und Gott erscheint nicht, um uns die Fluten einfach beiseite zu schieben.

Aber er ist dabei und mir tut es gut, dass ich Hindernisse überwinden kann im Vertrauen darauf, dass Gott mich dabei begleitet. Das kostet manche Mühe, ich muss die Fähigkeiten einsetzen, die Gott mir schenkt, und es wird hinterher auch nicht mehr so sein wie vorher. Ich habe neue Erfahrungen gemacht, mich selbst in meinen Grenzen und Möglichkeiten besser kennen gelernt und ich muss am anderen Ufer einen neuen Weg suchen. Aber ich kann diese Hindernisse überwinden.

Pause

Falls die Gruppe über eine vorhandene Brücke weitergeht, wird sie dorthin begleitet und dann weiter zur nächsten Station gewiesen.

Vielleicht tut es gut, sich Gottes Begleitung über Hindernisse und Grenzen hinweg deutlich zu machen, wenn wir jetzt ein Stück weitergehen *(sofern dies am ausgewählten Ort möglich ist)* und den Flusslauf auf einer Brücke überqueren.

Falls die Gruppe die Brücke selbst baut, geben wir dazu kurze Hinweise, keine Bauanleitung, das liegt in der Verantwortung der Gruppe.

Wegstation 5A: Brückenbauen – ein Abenteuer

20–30 Minuten

Setzen wir unsere Fähigkeiten ein, die Gott uns schenkte. Es gibt hier einige Möglichkeiten, diesen Wasserlauf zu überqueren. Achten Sie bitte auch darauf, dass die ganze Gruppe sicher und gut auf die andere Seite gelangt.

Für diesen kreativen Teil ist je nach Schwierigkeit Zeit von 20 Minuten bis zu einer halben Stunde zu veranschlagen. Nach der Wasserüberquerung bekommen die Teilnehmer neue Anweisungen zur nächsten Station.

10–20 Minuten

6. Wegstation: Wegweiser

hängt vom Wegstück ab

Als Wegstation wählen wir eine Stelle, an der ein Wegweiser steht. Es kann ein kleines Holzschild sein oder auch ein großes Straßenschild. Für bewegliche, aktive Gruppen gibt es die Möglichkeit, diese Station auszubauen und den Weg zu diesem Wegweiser hin als eine Wegsuche zu gestalten.

Wegstation 6A: Weg zu einem Wegweiser: Wegsuche querfeldein

20 Minuten

Für aktive Gruppen bietet es sich an, den Weg zu der Station »Wegweiser« querfeldein führen zu lassen. Dazu muss man die Gegend gut kennen, um die Teilnehmer in die richtige Richtung schicken zu können. Je nach Wegstrecke ist dafür mehr Zeit einzuplanen.

Unsere Lebenswege führen nicht immer auf so festen und sichtbaren Waldwegen, gelegentlich geht es da ganz schön uneben durch Gestrüpp und über Stock und Stein.

Suchen Sie sich hier durch dieses Gelände Ihren Weg *(je nach Fähigkeiten der Gruppe grobe oder feinere Beschreibung)*, bis Sie wieder an / nach ... kommen und an einen Wegweiser nach ...

Am »Wegweiser« wird die Gruppe gesammelt.

Suchen Sie sich bitte wieder einen Platz zum Stehen oder Sitzen, von dem aus Sie diesen Wegweiser gut im Blick haben.

Gruppe 6A: Wegsuchende

Gerade wenn der Weg etwas mühsamer war, ist ein Wegweiser gut. Sie haben sich Ihren Weg suchen müssen, waren vielleicht in der Richtung unsicher. Es war dreckig, Sie sind über Wurzeln und Steine gestolpert. Wie gut ist so ein Wegweiser an einem festen Weg!

Beide Gruppen

So einen Wegweiser, das wünschen wir uns wohl alle im Leben auch immer wieder. Dass jemand sagt, wo es langgeht, was der richtige Weg ist, dass wir – vielleicht von der Kirche – klare Richtlinien bekommen, an die man sich halten kann, die den rechten Weg weisen. Und wenn möglich, sollte der Wegweiser klar und deutlich sein *(hier kann man auf die Besonderheiten des jeweiligen Wegweisers eingehen, verwittert oder sehr gut sichtbar usw.)*.

Solche Wegweiser gibt es natürlich, auch wenn sie oft nicht so schön eindeutig sind wie dieser hier. Das kann ein Mensch sein, der uns Rat gibt oder Vorbild ist. Ein Mensch, der unseren Weg begleitet und die Führung übernimmt, oder einer, der uns braucht.

Ein Angebot. Eine Begegnung. Vielleicht auch eine Krankheit, ein Zusammenbruch, Rückschläge, die uns zeigen: auf diesem Weg geht es nicht weiter.

Ich wünsche uns, dass wir diese Wegweiser immer mehr erkennen und so die Erfahrung machen, dass Gott uns auf seine Art durchaus Hinweise gibt und begleitet, so wie es im Psalm 25 beschrieben ist, aus dem ich nun ein paar Verse vorlese:

Herr, zeige mir deine Wege und lehre mich deine Steige!

Gedenke, Herr, an deine Barmherzigkeit und an deine Güte, die von Ewigkeit her gewesen sind.

Er leitet die Elenden recht und lehrt die Elenden seinen Weg.

Die Wege des Herrn sind lauter Güte und Treue für alle, die seinen Bund und seine Gebote halten.

Bewahre meine Seele und errette mich; lass mich nicht zuschanden werden, denn ich traue auf dich!

AUS PSALM 25

Nach einer kleinen Pause bekommen die Teilnehmer eine kurze Wegbeschreibung zurück zum Ausgangspunkt. Hier ist es wichtig, noch einmal eine Wegstrecke von guten 15 bis 20 Minuten zu haben, um die Eindrücke austauschen zu können. 15–20 Minuten

Wir gehen weiter und beschließen unseren gemeinsamen Spaziergang wieder am Ausgangspunkt *(Wegbeschreibung)*. Dort treffen wir uns noch einmal unter dem Kreuz.

5 Minuten **Am Ausgangspunkt**

Wir verabschieden die Gruppe und schließen die Wanderung mit einer Geschichte, die zum Getragensein in Kreuzweg-Situationen passt, und / oder mit einem Segen.

An dieser Stelle möchte ich mich von Ihnen verabschieden. Vielen Dank für Ihr Mitgehen, dass Sie sich eingelassen haben auf den Weg und die Erinnerungen. Vielleicht haben Sie den einen oder andern neuen Weg für sich dabei entdeckt, der über die Kreuzweg-Erfahrungen hinausführt.

Etwas von der Hoffnung, dass Gott unsere Wege mitgeht, die Kreuzwege und die andern, ist in einer sehr schönen, bekannten Geschichte enthalten, die sich auch in unserem Gesangbuch findet. Ich möchte sie Ihnen auf den Heimweg mitgeben:

Fußspuren im Sand

Eines Nachts hatte ich einen Traum: Ich ging mit Gott, meinem Herrn, am Strand entlang. Vor meinen Augen zogen Bilder aus meinem Leben vorüber und auf jedem Bild entdeckte ich Fußspuren im Sand. Manchmal sah ich die Abdrücke von zwei Fußpaaren, dann wieder nur von einem Paar. Das verwirrte mich, denn ich stellte fest, dass immer dann, wenn ich unter Angst, Sorge oder dem Gefühl des Versagens litt, nur die Abdrücke von einem Fußpaar zu sehen waren. Deshalb wandte ich mich an den Herren: »Du hast mir versprochen, Herr, du würdest immer mit mir gehen, wenn ich dir nur folgen würde. Ich habe aber festgestellt, dass gerade in den Zeiten meiner schwierigsten Lebenslagen nur ein Fußpaar im Sand zu sehen war. Wenn ich dich nun am dringendsten brauchte, warum warst du dann nicht für mich da?« Da antwortete der Herr: »Immer dann, wenn du nur ein Fußpaar im Sand gesehen hast, mein Kind, habe ich dich getragen.«

(Evangelisches Gesangbuch, Ausgabe Bayern / Thüringen, S. 667)

Segen:

Gott, der dich wahrnimmt,
lasse zu deiner Erfahrung werden,
was er dir zugesagt hat:
Bei dir zu sein
in Angst und Unsicherheit,
zu dir zu stehen
in Ausweglosigkeit und Verlassenheit,
dich zu trösten,
wenn du bekümmert bist,
deine Bedürftigkeit
zu Herzen nehmen,
was immer auf dir lastet.

Er schenke dir,
was du dir selbst
nicht geben kannst:
Wachsendes Vertrauen
mitten in den Widersprüchen
dieses Lebens.

Antje Sabine Naegeli

Wandern als Seelsorge und Gottesdienst?

Spirituelle Wanderungen verstehen wir als Gottesdienst und Seelsorge auf einem gemeinsamen Weg. Die Schritte und Überlegungen, die uns zu unseren Wanderungen geführt haben, stellen wir unter der Fragestellung vor: Sind spirituelle Wanderungen Gottesdienste? Und wie können spirituelle Wanderungen Seelsorge sein?

Gott ist draußen

»Ich suche Gott draußen!« Diese Antwort bekommt man manchmal, wenn es um die Alternative zwischen Sonntagswanderung und Sonntagsgottesdienst geht. Manche Pfarrerinnen und Pfarrer ärgern sich, wenn sie diese Entscheidung für die Sonntagswanderung hören. Angesichts dünn besuchter Gottesdienste scheint hier eine Konkurrenz zu lauern. Aber so einfach kann man dem Satz »Ich suche Gott draußen!« als Theologe oder Theologin nicht widersprechen. An der Wanderstation Gehen als geistliche Übung innerhalb der Wanderung »Der Gebetsweg« (siehe Seite 38) folgen wir den verschiedenen Spuren, die das Gehen selbst als Meditation erkennen lassen. Wer sagt: »Ich suche Gott draußen!« und sich mit diesem Satz auf den Weg macht, nimmt die alte christliche Tradition wieder auf, dass Gott nicht nur in unseren Kirchen zu finden ist.

Als sie in Bethlehem waren, kam der Zeitpunkt der Geburt, und Maria gebar ihren ersten Sohn. Sie wickelte ihn in Windeln und legte ihn in eine Futterkrippe, denn sie hatten keine Unterkunft in der Herberge gefunden. LUKAS 2,7

Was mich an der Weihnachtsgeschichte immer wieder fasziniert, ist dieser Ort, an dem das Kind zur Welt kommt. Es ist ein Stall. Es ist eine Notunterkunft, ein Unterschlupf. Aber es ist kein Zuhause. Gott hatte kein Zuhause, als er auf die Welt kam. Gott hat kein Zuhause, das ist gut so.

Das bewahrt uns davor, Gott nur in Kirchen zu suchen. Er kam auf die Welt, als Maria und Josef gerade eine Unterkunft suchten. Unterwegs sein, das gehört zu unserem Gott, von dem die Bibel uns erzählt. Gott ist draußen, bei den Menschen, draußen bei uns. Das ist die Botschaft von Weihnachten. Und vielleicht ist darum die folgende Geschichte, die Anthony de Mello erzählt hat, eigentlich eine Weihnachtsgeschichte:

Es war einmal eine fromme Frau, die Gott liebte. Jeden Morgen ging sie in die Kirche. Unterwegs riefen ihr die Kinder zu, Bettler sprachen sie an, aber sie war so in sich versunken, dass sie nichts wahrnahm. Eines Tages ging sie wie immer die Straße hinab und erreichte gerade noch rechtzeitig zum Gottesdienst die Kirche. Sie drückte an die Tür, doch sie ließ sich nicht öffnen. Sie versuchte es heftiger und fand die Tür verschlossen. Der Gedanke, dass sie zum ersten Mal in all den Jahren den Gottesdienst versäumen würde, bedrückte sie. Ratlos blickte sie auf und sah genau vor ihrem Gesicht einen Zettel an der Kirchentür. Darauf stand: Ich bin hier draußen!

(Anthony de Mello, Warum der Schäfer jedes Wetter liebt, S. 31, Herder Spektrum 4523)

Draußen Gehen ist Gottesdienst

Gehen wir von dieser Weihnachtsgeschichte aus einen Schritt weiter: Wenn Gott draußen ist, können wir ihm nahe sein, wenn auch wir draußen sind. Wenn wir spirituelle Wanderungen anbieten, gehen wir von der Nähe Gottes auf unseren Wegen draußen aus. Wir versuchen, diese Nähe erfahrbar zu machen.

Viele Menschen scheinen diese Nähe Gottes mindestens zu ahnen, wenn sie uns in Gesprächen sagen: »Für mich ist es Gottesdienst, wenn ich draußen in der Natur unterwegs bin.« »Beim Spaziergang im Wald fühle ich mich Gott ganz nahe, im Gottesdienst in der Kirche ist das nicht so.« In der so genannten »Kerngemeinde«, bei denen also, die regelmäßig die traditionellen Angebote der Kirchen besuchen, rufen solche Sätze, wie die gerade zitierten, immer wieder Unverständnis, manchmal sogar wütende Gefühle hervor. Das ist bei Pfarrerinnen und Pfarrern oft nicht anders als bei Gemeindegliedern. Es taucht der Verdacht auf, dass da jemand eine Ausrede sucht, um den sonntäglichen Gottesdienst zu umgehen.

Die Vorstellung, dass Religion nur in den traditionellen Angeboten der Kirchen »richtig« sein kann, schafft das Bild von »uns drinnen« und »denen draußen«. Zu Nachfragen oder gar zu einem Gespräch darüber, wie die Wege draußen gedeutet werden können, wie sie ernst genommen und vielleicht sogar wirklich als Gottesdienst verstanden werden könnten, kommt es erst gar nicht.

Im Namen einer kirchennahen Heilsgewissheit wird die Chance verpasst, Wege zu Menschen außerhalb unserer Kerngemeinden oder Wege mit den vermeintlich Kirchenfernen zu gehen. Fremde spirituelle Möglichkeiten werden rigoros abgelehnt. Als »christlich« oder »kirchlich« wird nur anerkannt, was im Spektrum der Angebote von Kirche möglichst nahe am Gottesdienst liegt.[4]

---

4 Als Beispiel seien hier nur die endlosen Diskussionen in Kirchenvorständen erwähnt, in denen Jugendarbeit in den Kirchengemeinden sich daran messen lassen soll, wie viele der Jugendlichen im Sonntagsgottesdienst erscheinen. Auch hier steht die Frage zur Debatte, gehören Jugendliche nun zur Gemeinde oder nicht, wenn sie ihre eigenen Gruppen, Kreise und Veranstaltungen in einer Gemeinde einfordern und leben, ohne in der »Kerngemeinde« präsent zu sein? Jugendarbeit ist vor dem Hintergrund dieser Frage ein besonders sensibler Bereich, denn mit einer Antwort wird die Weiche gestellt, sich dazugehörig fühlen zu dürfen (!) oder draußen zu sein. Und diese Weichenstellung ist dann biografisch oft eine endgültige.

Grenzgänge

Es geht uns nicht darum, die Grenze zwischen innerkirchlichem und außerkirchlichem Handeln aufzulösen. Es geht uns darum, dieses außerkirchliche Tun von Menschen, nämlich eigene Wege zu gehen anstatt kirchliche Veranstaltungen zu besuchen, kennen zu lernen und mitzugehen. Was uns als Theologen daran besonders interessiert ist das Selbstverständnis, mit dem, nach den Aussagen am Anfang dieses Kapitels, diese Wege bezeichnet werden: »Für mich ist es Gottesdienst, wenn ich draußen in der Natur unterwegs bin.« Diese Aussage werden wir für unseren Grenzgang ernst nehmen und im Folgenden untersuchen.

Henning Luther[5] *hat dieses Vorgehen, die Wege anderer Menschen mitzugehen, treffend als Grenzgängertum beschrieben: Es käme darauf an, sich der Andersartigkeit auszusetzen, statt sie zu verdrängen und abzuspalten ... das Thema von Religion ist gerade nicht die Stabilisierung der innerweltlichen Ordnungen, sondern ihre Intention liegt darin, an Grenzen zu führen und über sie hinaus ... Religion ist Grenzüberschreitung ..., schreibt Henning Luther.*

Zwischen Gottesdienstbesuchern und nichtkirchlichen Spaziergängern und Wanderern, wie wir diese beiden Gruppen erleben, entsteht die Grenze durch die Behauptung der Sonntagsspaziergänger, dass ihr Weg durch die Natur ein Gottesdienst sei. Diesen Gottesdienst setzen sie einem Sonntagsgottesdienst gleich.

Grenzgänger sind wir als Theologinnen und Theologen, wenn wir annehmen, dass auf den Wegen außerhalb der Kirchen tatsächlich ein Gottesdienst stattfindet. Es sind für uns fremde Gottesdienste, vielleicht sind es auch gar keine christlichen Gottesdienste.

---

5 Religion und Alltag: Bausteine zu einer praktischen Theologie des Subjekts, Stuttgart 1992, S. 53-55.

Wenn die Aussage »Ich feiere meinen Gottesdienst, wenn ich draußen unterwegs bin« das ist, was Henning Luther »Laientheologie« (ebd., S. 15) genannt hat, werden wir Elemente in diesen Gottesdiensten finden, die die Gottesdienst-Geher (Gottesdienstbesucher können wir ja nicht mehr sagen) zu der Aussage gebracht haben: »Mein Weg draußen ist ein Gottesdienst.« Wir werden die Aussagen über die Wege draußen an den Selbstaussagen christlicher Gottesdienste messen.

Gott näher sein

Was in christlichen Gottesdiensten geschieht oder geschehen soll, wird häufig in den Eingangsliedern thematisiert. Drei Lieder aus verschiedenen Jahrhunderten sollen als Beispiele genügen:

17. Jahrhundert:

Liebster Jesu, wir sind hier,
dich und dein Wort anzuhören ...
... dass die Herzen von der Erden
ganz zu dir gezogen werden ...
... öffne Herzen, Mund und Ohren ...
EG 161/ GL 520

18. Jahrhundert:

Tut mir auf die schöne Pforte,
führt in Gottes Haus mich ein;
ach wie wird an diesem Orte
meine Seele fröhlich sein!
Hier ist Gottes Angesicht,
hier ist lauter Trost und Licht.

Ich bin, Herr, zu dir gekommen,
komme du nun auch zu mir.

Wo du Wohnung hast genommen,
da ist lauter Himmel hier.
Zieh in meinem Herzen ein,
lass es deinen Tempel sein.
EG 166

20. Jahrhundert:

Du hast uns, Herr, gerufen, und darum sind wir hier.
Wir sind jetzt deine Gäste und danken dir.

Du legst uns deine Worte und deine Taten vor.
Herr, öffne unsre Herzen und unser Ohr.

Wir nehmen seine Worte und Taten mit nach Haus
und richten unser Leben nach seinem aus.
EG 168 / GL 505

Folgendes zieht sich wie ein roter Faden durch diese Lieder: An einem bestimmten Ort (in der Kirche, »Gottes Haus«), zu einer bestimmten Zeit (meist Sonntagvormittag), versammeln sich Menschen (»wir«), um Gott näher zu sein (»von der Erden ganz zu dir«; »hier ist Gottes Angesicht«; »du hast gerufen« / »wir sind hier«).

Gottesdienst ist qualifiziert als ein bestimmter Ort und eine bestimmte Zeit, die jenseits des Alltags die Nähe Gottes zusichern. Diese Nähe wird durch die leibliche Präsenz der Gottesdienstbesucher (Ich = Ohren, Mund, Herz) hergestellt. Hinter dem durchgängigen »Wir sind gekommen – komm jetzt auch du« steht die Verheißung aus Matthäus 18,20: Wo zwei oder drei versammelt sind in meinem Namen, da bin ich mitten unter ihnen.

Ohren, Mund und Herz sind aber nicht nur pars pro toto für den ganzen Menschen, der in den Gottesdienst kommt. Mit Ohren, Mund und Herz sind auch die am Gottesdienst beteiligten Organe benannt: die Ohren hören das Wort Got-

tes, der Mund betet und singt und das Herz erhebt sich zu Gott.

Legen wir diese Charakterisierung eines christlichen Gottesdienstes, wie sie in den Liedern besungen wird, nun an die Aussage an, dass der Weg durch die Natur ein Gottesdienst sei: »Für mich ist es Gottesdienst, wenn ich draußen in der Natur unterwegs bin.« »Beim Spaziergang im Wald fühle ich mich Gott ganz nahe.« – An einem bestimmten Ort (in der Natur, draußen, im Wald), zu einer bestimmten Zeit (Spaziergang), gehen Menschen (ich), um Gott näher zu sein (»es ist Gottesdienst«; »ich fühle mich Gott nahe«). Auch hier sind ein bestimmter Ort und eine bestimmte Zeit für den Gottesdienst genannt. Und auch hier sind Ort und Zeit jenseits des Alltags.

Beteiligte Organe, die genannt werden, sind die Füße (unterwegs sein / gehen) und das Herz (sich nahe fühlen). Auch wenn das Herz nicht ausdrücklich erwähnt wird, gehört es hier zu dem Wort »fühlen«. »Sich nahe fühlen« ist kein taktiles Fühlen über die Haut, sondern ein Affekt, den wir in unserem Kulturkreis dem Herz zuschreiben. Wie in den Gesangbuchliedern ist es die Instanz »Herz«, die die Nähe zu Gott herstellt.

Es bleiben also drei gewichtige Unterschiede zwischen dem Sonntagsgottesdienst und dem Wald- oder Naturspaziergang:

1. *Der Sonntagsgottesdienst ist eine Versammlung, der Weg in der Natur ist ein Alleingang: dem »Wir« steht ein »Ich« gegenüber.*
2. *Nicht mit Mund und Ohren beteiligt sich der Wanderer am Gottesdienst, er vollzieht ihn mit den Füßen.*
3. *Der Ort der Nähe Gottes ist kein künstlicher Raum, sondern »die Natur« oder »der Wald«.*

Diesen drei Unterschieden werden wir nun nachgehen:

Versammlung und Alleingang

Wie wir gesehen haben, ist der Gottesdienst als Ort der Gottesnähe qualifiziert. Das geschieht durch seinen Versammlungscharakter. Menschen kommen zusammen, um zu singen, zu beten, zu hören, und schaffen damit die Bedingung für einen Kontakt mit Gott. Vermittelt wird dieser Kontakt zum einen durch die Zusage der Nähe Gottes beim Zusammenkommen mehrerer Menschen im Namen Jesu (Matthäus 18,20), zum anderen über das Organ Herz. Was qualifiziert nun aber einen Alleingang als Gottesdienst?

Alleinsein, nicht als Schicksal, sondern als ein bewusster Akt, ist ein asketisches Vorhaben. In den Versuchungsgeschichten Jesu (Matthäus 4 und Lukas 4) ist Alleinsein mit dem Ort Wüste verbunden. Es ist der Ort der Gottferne, der Ort des Auf-sich-selbst-gestellt-Seins. Gottesnähe wird nur durch Ausdauer und Ausharren erreicht. Alleinsein ist ein Umweg zur Erfahrung der Nähe Gottes über das Aufsuchen der Ferne Gottes. Es wird eine Mühe auf sich genommen, an deren Ende die Nähe Gottes steht. An die Stelle des Zusammenkommens mit anderen Menschen, wie es im Sonntagsgottesdienst geschieht, ist der Weg heraus aus der Gemeinschaft getreten. Diesen Weg heraus aus der mitmenschlichen Gemeinschaft kennen wir als einen klassischen Weg spirituellen Bemühens. Ihn schlägt beispielsweise ein, wer sich einer klösterlichen Gemeinschaft anschließt. Einkehrtage, wie sie in Klöstern angeboten werden und von vielen Menschen genutzt werden, sind auch getragen von diesen Grundbewegungen: Hinausgehen und Alleinsein.

In den Evangelien ist es der Weg zum Gebet, der aus der Gemeinschaft herausführt. »Wenn du betest, so geh in dein Kämmerlein und schließ die Tür zu« (Matthäus 6,6), so übersetzte Luther die berühmte Anleitung Jesu zum Beten. Von Jesus selbst wird uns immer wieder berichtet, dass er hinausging, um zu beten.

Der Weg »in die Natur« war in neutestamentlicher Zeit unbekannt. Der Weg »hinaus« war ein Weg in die Wildnis, in die Einöde und in Palästina immer ein Weg in die Wüste oder auf einen Berg. In dem, was wir Natur nennen, suchen wir genau diese Wildnis und Einsamkeit. Der Weg, den ein Einzelner »in die Natur« geht, kann also mit Recht dasselbe Ziel haben, wie es Jesus dem Gebet und die Gesangbuchlieder dem Gottesdienst zuschreiben[6]: Gott mit dem Herzen nahe zu sein.

Gehen und beten

Wo Wanderung oder Spaziergang als Gottesdienst bezeichnet werden, tritt an die Stelle von Hören, Singen und Beten das Gehen. Mund und Ohren tauchen in der Beschreibung nicht auf, das Gehen ist mit den Füßen verbunden. Aber hat es auch etwas mit Gebet zu tun? Wir haben bereits festgestellt, dass das »Hinausgehen« und das Beten in biblischer Tradition eng miteinander verbunden sind. Werfen wir noch einmal einen Blick auf Matthäus 6,6, die Anweisung Jesu zum Gebet: Jesus schickt die Beter an einen Ort, an dem sie allein sind, und fährt dann fort: »... bete zu deinem Vater, der im Verborgenen ist; und dein Vater, der in das Verborgene sieht, wird dir's vergelten« (Matthäus 6,6).

Das Beten geschieht im Verborgenen. Es ist ein Geschehen zwischen Gott, dem Vater, und dem Menschen. Gerade die Verborgenheit zeichnet das Gebet aus. Man kann also festhalten, dass es, im Gegensatz zum Gottesdienst in der Kirche, wo sich Menschen zum öffentlichen Gebet versammeln,

---

6 Natürlich gibt es andere Beschreibungen unserer Gottesdienste. Doch geben die Lieder, die im Evangelischen Gesangbuch unter dem Kapitel »Eingang und Ausgang« und im Gotteslob unter »Messgesänge« zu finden sind, eine gottesdienst-immanente Antwort auf die Frage der GottesdienstbesucherInnen »Was machen wir hier?«. Gemeinsam singt man sich die Antwort zu, singt sich bei schönem Gesang geradezu in die Antwort hinein: mit dem Herzen bei Gott sein.

gerade das Gebet des einzelnen Menschen auszeichnet, dass es im Verborgenen stattfindet. Das »Hinausgehen« ist für dieses Gebet charakteristisch und »hinausgehen« wird in der Beschreibung der Wanderer auch erwähnt. Das Gebet selbst wird nicht erwähnt. Es muss auch gar nicht erwähnt werden. Streng an den Worten Jesu orientiert wäre das Gebet seiner Verborgenheit vielleicht sogar schon wieder entrissen, wenn jemand zu einem anderen Menschen sagen würde: »Ich gehe hinaus in den Wald, wo ich alleine bin, um zu beten.«

Nun bleibt die Frage, ob denn dann tatsächlich gebetet wird, wenn jemand einfach nur durch den Wald streift. Dazu folgen wir dem Zusammenhang von Gehen und Beten: Wir sind davon ausgegangen, dass es zu der Selbstaussage, dass der Weg im Wald ein Gottesdienst sei, nicht zufällig gekommen ist. Menschen machen offensichtlich auf diesen Wegen tatsächlich Erfahrungen, die den Erfahrungen, die man in einem Gottesdienst machen kann, entsprechen.

Das, was auf den Wegen »gemacht« wird, ist »gehen«. Gehen ist ein ganz alltäglicher Vorgang und zugleich ist dieses Gehen ganz eng mit unserem Menschsein verbunden. Wir gehen aufrecht. In seiner Gleichförmigkeit kann das Gehen einen Menschen in einen ganz ähnlichen Zustand bringen, wie es in einer Meditation geschieht. Das liegt daran, dass unser Atemrhythmus und unser Gehtempo unmittelbar verbunden sind. Wer alleine geht und dabei in seinen ganz eigenen Rhythmus aus Gehtempo und Atemfrequenz kommt, kann erleben, was uns eine Frau einmal folgendermaßen beschrieben hat:

»Wenn ich merke, dass ich den ganzen Tag am Grübeln bin, wenn ich einen Gedanken hin und her wälze und nicht zu einem Ziel komme, wenn ich eine Entscheidung einfach nicht treffen kann, dann gehe ich wandern. Am Anfang schleppe ich dann diesen ganzen Wust in meinem Kopf herum. Aber während ich gehe, merke ich, dass es immer ruhi-

ger wird in mir. Und wenn dann der Weg steil wird, muss ich mich ganz auf das Gehen konzentrieren. Da ist nur noch mein Schritt und mein Atem. Und dann passiert es manchmal, dass plötzlich ein Gedanke auftaucht. Wie aus dem Nichts. Und manchmal ist es das, wonach ich vorher gesucht habe« (zitiert bei Dittmar / Scholz / Scholz, Neue Wege gehen, Erlebnisorientierung in der Kur- und Touristenseelsorge).

Entscheidend für unseren Zusammenhang von Gehen und Beten sind in der Schilderung der Frau die Worte: »... während ich gehe, merke ich, dass es immer ruhiger wird in mir... nur mein Schritt und mein Atem ... und dann ... plötzlich ... wie aus dem Nichts ...«

Was die Frau inszeniert hat, ist eine Meditation in Bewegung.[7] *Sie selbst nennt das nicht so. Sie schildert eine Erfahrung, die offensichtlich öfter wiederkehrt, die sie sogar abrufen oder herstellen kann. Sie sagt: »... wenn ich ..., dann gehe ich ...« Da taucht etwas auf, was für alles, was wir Spiritualität nennen, sehr wichtig ist. Denn wenn die Frau sagt: »... und dann ... plötzlich ...«, hat das nichts mit einem spontanen Ereignis zu tun. Es ist keine Offenbarung, die über sie kommt. Das Plötzliche fällt nicht vom Himmel. »Wenn ... dann ...« ist ein eingeübter Vorgang: »Wenn ich grüble, wenn ich eine Entscheidung treffen muss«, sagt die Frau. Immer wenn etwas wichtig in ihrem Leben wird, wenn sie etwas entscheiden muss, wenn die Gedanken zu kreisen beginnen, dann macht sie sich auf den Weg.*

Als kerngemeindliche Betrachter würden wir den Weg dieser Frau sofort als christliches Gebet interpretieren, würde sie sagen: »Wenn ich eine Entscheidung treffen muss, gehe ich in einer Kirche umher. Während ich dort bin, merke ich, dass

7 Als »Meditation in Bewegung« wird z.B. auch das Qigong beschrieben, wobei sich wiederholende Übungen trainiert werden. J. Bölts, W. Belschner, G. Zhang, Dao Yin Yang Sheng Gong, Qi-Übungen zur Pflege des Lebens, Oldenburg 1996, S. 13.

es immer ruhiger wird in mir ... und dann ... plötzlich ...«. Wir würden schnell unterstellen, dass die Frau zum Gebet in die Kirche geht, auch wenn sie dabei in der Kirche herumläuft. Es hat sich in ihrer Schilderung nur der Ort verändert.

Ob der Weg und das Gehen der Frau nun ein Gebet ist oder eine Meditation, können wir kaum beurteilen. Atem, Gehen, Meditation und Gebet können verschmelzen. Sehen kann man das an der Tradition des Herzensgebets (vgl. dazu das Kapitel »Herzweg«), das in den orthodoxen Kirchen entstanden ist: Das Gebet »Herr Jesus Christus, erbarme dich meiner!« wird auf das Ein- und Ausatmen verteilt. Beim Einatmen spricht der Betende »Herr Jesus Christus«, beim Ausatmen »erbarme dich meiner«.

Das Herzensgebet ist ein Gebet der Versenkung, der Meditation. In den Atemrhythmus der Pilger gelegt, begleitet es jeden Schritt auf der Pilgerreise.[8]

Die Antwort auf die Frage, ob denn da tatsächlich gebetet wird, wenn ein Mensch »hinausgeht«, wird offen bleiben. Der Weg hinaus kann jedoch mehr schaffen als »nur« Voraussetzungen zum Gebet: Das Gehen selbst und das Alleinsein sind schon Grundhaltungen des Gebets.

Kirche und Wildnis

In Mitteleuropa leben wir nicht in einem Umfeld, in dem ein Schritt hinaus aus einem Dorf immer auch ein Schritt in die Wildnis bedeutet, wo ein anderes Gesetz herrscht als unser menschliches. Wo wir in Mitteleuropa unsere Schritte hinsetzen, zerstören wir höchstens die letzten Reste einer Wildnis, wenn wir einen Fleck Erde betreten, auf den vorher vielleicht kein Mensch seinen Fuß gesetzt hat.

8 Vgl. Emmanuel Jungclausen, Das Geheimnis des Herzensgebetes, in: Ulrich Willers (Hg.), Beten: Sprache des Glaubens – Seele des Gottesdienstes, S. 279-286

In vielen Dörfern, durch die Jesus wanderte, war das anders. Jeder Schritt hinaus aus dem Dorf war ein Schritt in die Wüste. Ein starker Wind in der Nacht konnte die Spuren verwischen, die Menschen am Tag hier hinterlassen hatten. Solche Orte sind bei uns kaum mehr zu finden. Selbst die unwirtlichsten Gipfelregionen unserer Gebirge sind uns zugänglich geworden. Der Weg hinaus, wie wir ihn oben als eine Vorbedingung für das Gebet beschrieben haben, ist immer auch ein Weg, der »drin« bleibt. Wir können nur unter großen Anstrengungen einen Weg in die Wildnis bei uns finden. Trotzdem hat das Schlagwort »raus in die Natur« eine magische Anziehung auf uns. Selbst wenn wir durch eine große Weidewiese gehen, sprechen wir schnell von der »unberührten Natur«.

Die Qualität dieses »Draußen« liegt vielleicht in seiner Ästhetik. Dass es ein Wachsen ohne menschliches Zutun gibt, übt eine unglaubliche Faszination aus. Neben der Welt, die der Mensch hervorbringt, gibt es eine Welt ohne Menschen. Und so liegt es ganz nahe, dass hinter dieser Welt noch eine Welt liegt. Der Weg aus der menschlich produzierten Welt hinaus in eine Welt, die sich selbst produziert, ist die Metapher für den Schritt hinaus, in eine Welt hinter der Welt. »Natur« und noch vielmehr »Wildnis« stehen für die Möglichkeit von Transzendenzerfahrungen.

Die Werbung hat diese Metaphern erkannt und aufgegriffen: Sätze wie »Entdecke die Wildnis in dir«, »Wir machen den Weg frei« (mit den dazugehörigen Bildern von bezwingbarer Wildnis) oder »Zurück zur Natur« arbeiten mit diesem Gedanken: In Natur und Wildnis liegt das Eigentliche, das Sinnstiftende. Der Weg dorthin lohnt. Dass dieser Weg nicht mit Hilfe von After Shaves, Banken oder Automarken zu bewältigen ist, ist offensichtlich. Die Metapher ist aber stärker als die Logik: Sie sagt: Die Automarke ist das Sinnstiftende, weil sie dich in die andere Welt, die Wildnis bringt.

Die Stärke der Metaphern, die sich um ein Erleben draußen bilden, ist so stark, dass sich eine ganze pädagogische Richtung mit großem Erfolg darauf stützt. Was Erlebnispädagogik erfolgreich sein lässt, ist die »Macht der Metaphern«[9]*. Wir erwähnen das an dieser Stelle, weil in der Erlebnispädagogik eine der Wurzeln unserer Arbeit draußen »in der Natur« liegt. Wir nutzen für unsere Wanderungen die Metaphern, die am Weg liegen.*

Unbewusst erleben wir vielleicht »die Tiefe« einer Schlucht mit demselben Erschrecken wie unsere Angst vor der »Tiefe« unserer eigenen seelischen Abgründe. Unser innerstes Erleben verbindet sich mit dem, was sich unserem Auge in der Natur bietet.

Noch ein Aspekt kommt zu unserem Naturerleben hinzu: »Nichts lass meine Andacht stören«, heißt es im sechsten Vers des oben zitierten Gesangbuchlieds »Liebster Jesu, wir sind hier« (EG 161/GL 520), das wir als Beschreibung dafür hergenommen haben, Selbstaussagen über den christlichen Gottesdienst zu finden.

Einen Ort zu finden, der der Andacht förderlich ist, lässt Menschen in Kirchen gehen. Genauso kann derselbe Wunsch aber auch hinaus aus menschlichen Ansiedlungen, hinaus aus Städten und Dörfern führen.

Ist nun der Weg durch den Wald ein Gottesdienst?

Nach dem bisher Beschriebenen liegt der entscheidende Unterschied zwischen den beiden Formen spiritueller Betätigung, dem Weg draußen und dem Gottesdienst in der Kirche, im Gemeinschaftsverständnis: Alleinsein zum Gebet in der Natur scheint am ehesten zu einem Gottesdienst nach kirch-

9 So z.B. der Titel eines Vortrags von Helmut Koopmann in: Cornelia Schödlbauer (u.a.), Metaphern – Schnellstraßen, Saumpfade und Sackgassen des Lernens, S. 16 ff.

lichem Verständnis zu werden, wenn aus dem Alleinsein etwas Gemeinsames wird. Wenn Menschen sich zu einem gemeinsamen Weg versammeln, so können gemeinsame Wege draußen Gottesdienste sein, so kann man gemeinsame Wege draußen als eine eigene Art Gottesdienst verstehen. Unser Versuch spiritueller Wanderungen liegt auf der Grenze zwischen einer gemeinschaftlichen Veranstaltung und der Einsamkeit spiritueller Wege. (in der Wanderung zu den Quellen, S. 78, wird dieser Weg beschrieben und im Ansatz vollzogen).

Vielleicht können wir es so beschreiben:

Die Tendenz spiritueller Ausrichtung in Mitteleuropa scheint in den vergangenen Jahren vom gemeinsamen Gottesdienst zum Gebet des Einzelnen zu gehen. Wir weigern uns, angesichts gesunkener Besucherzahlen in den Gottesdiensten, diesen »Trend« zu beklagen oder uns auf eine Seite dieser beiden beobachtbaren, spirituellen Ausrichtungen zu stellen. Mit den spirituellen Wanderungen beschreiten wir genau diesen Weg. Es ist ein erwachsener Weg: Spirituelle Wege beginnen in der Gemeinschaft, führen in die Einsamkeit und werden wieder in die Gemeinschaft zurückführen. Ob spirituelle Wanderungen somit Gottesdienste sein können, wird sich auf dem Weg und im Erlebnis der einzelnen Wanderer entscheiden.

Wie können spirituelle Wanderungen Seelsorge sein?

Die Wanderungen und Spaziergänge, die wir in diesem Buch vorstellen, sind nicht im Bereich von Kirchengemeinden entstanden, sondern in der Klinikseelsorge, in einem Arbeitsfeld der Kirchen, das sich durch dauerndes Grenzgängertum auszeichnet: Wir verzichten in unserer Seelsorge, die zum größten Teil aus Besuchen bei Patientinnen und Patienten besteht, auf die Frage: »Gehören Sie zur Kirche?« Eine Antwort auf diese Frage, ja schon die Frage selbst suggeriert bereits die Vorstellung »für Sie bin ich da« oder »für Sie bin ich eigentlich nicht da«. Unsere Seelsorge verstehen wir als einen Auftrag, der sich aus den Worten Jesu im Gleichnis vom Weltgericht (Matthäus 25) ergibt: »Ich bin krank gewesen und ihr habt mich besucht.«

Bei unseren Besuchen gehen wir den Weg der Patientinnen und Patienten ein Stück mit. Zunächst haben wir das im übertragenen Sinn verstanden: wir gehen ein Stück des Lebenswegs mit, wir lassen uns davon berichten, wir nehmen daran ein Stück weit Anteil. Seelsorge ist die Bereitschaft, sich auf das Neue, auf den anderen Menschen einzulassen. Die Grenze zwischen zwei Personen wird überschritten. Wenn wir bei dieser Arbeit nach der spirituellen Dimension von Seelsorge fragen, gibt es eigentlich kein belangloses Gespräch. Schon in der Begegnung selbst entsteht mehr als die Fakten einer Kommunikation, mehr als ein Datenaustausch. Seelsorge ist Beschreiten des Grenzlands zwischen zwei Personen. Auch in diesen Gesprächen sind es, wie auf unseren Wegen draußen, oft die Metaphern, die Leiden, Hoffnung, Zukunft, Gegenwart, Übung, Resignation, Erlösung, Leben oder Tod ausdrücken. Metaphern sind zentrale Stichworte dort, wo es um Spiritualität geht. Ein Gespräch wird nicht erst zum Seelsorge-Gespräch, wenn die Hoffnung auf die Auferstehung thematisiert wird. Die Hoffnung wieder aufzustehen ist PatientInnen meistens viel näher. »Aufstehen« kann dann Metapher sein für Hoffnung, Zukunft oder Auferstehung.

In unseren Arbeitsfeldern wurde aus dem übertragenen Sinn von »den Weg der PatientInnen mitgehen« ein ganz reales Verständnis dieses Wegs. Wir gehen Wege gemeinsam. Auf diesen Wegen verbindet sich Seelsorge mit dem Gehen. Und es verbinden sich auch die spirituellen Aspekte des Gehens mit dem seelsorgerlichen Gespräch.

Wir machen die Erfahrung des Wegs, des eigenen Körpers und der Begegnung, wenn wir mit Patienten und Patientinnen zu zweit gehen.[10]

Mit den spirituellen Wanderungen gingen wir dann noch einen Schritt weiter. Wir wollten die spirituellen Aspekte des Gehens draußen zu einem Angebot für Gruppen machen. Und so trat zu unserem seelsorgerlichen Ansatz ein Aspekt hinzu: die Gemeinschaft des Gottesdienstes.

»Andacht«, »hören« und »wir« haben wir (s.o. S. 170) als Kennzeichen des Gottesdienstes in der Kirche kennen gelernt. Wo wir Wege mit Gruppen gehen und den Weg und Stationen gestalten, kommt nun zusammen, was wir für unsere Wege draußen und unsere Gottesdienste herausgefunden haben:

Wege draußen können Gottesdienste sein. Es sind besondere Gottesdienste mit einem Schwerpunkt auf Meditation, auf Erfahrungen der Nähe Gottes und des eigenen körperlichen Gegenübers zu Gott. Diese körperliche Erfahrung wird als wohltuend für die Seele empfunden, sodass wir die These vertreten, dass Körperarbeit Seelsorge ist.

Das Bild vom eigenen Körper

Wo wir uns auf einer Wanderung dem Körper widmen, berühren wir immer auch das Selbstbild und die Intimität eines Menschen: Wir merken es, wenn jemand an unserem Aussehen Anstoß nimmt. Das mindeste, was dann passiert, ist, dass wir verunsichert werden. Jeder Mensch hat sich im Laufe seines Lebens ein Bild von sich gemacht. Dieses Bild der eigenen Person umfasst Vorstellungen vom eigenen Aussehen,

10 Unseren Ansatz der Seelsorge haben wir beschrieben in: Dittmar/Scholz/Scholz, Neue Wege gehen. Erlebnisorientierung in der Kur- und Touristenseelsorge, Pastoraltheologie 90 (2001) und in: Scholz / Dittmar, ... und kletterte auf einen Feigenbaum. Überlegungen zu Erfahrungen mit Psychomotorik in kirchlichen Arbeitsfeldern, in: Motorik 2 (2001).

von der eigenen Leistungsfähigkeit, von Möglichkeiten, die man zu haben meint oder nicht zu haben meint, und Eigenschaften, die man sich zuschreibt oder die man vehement abstreitet. Es ist immer »mein Bild von mir«! Daran hat niemand zu kratzen oder zu rütteln, wenn ich das nicht möchte!

In jedem Fall bestimmt dieses Bild darüber, was ich für mich selbst oder in einer Gruppe machen und mitmachen kann und was nicht! Es mag für den einen selbstverständlich sein, in einer Gruppe wandern zu gehen, was einer anderen schon schwer fällt. Die eine mag bei den Stationen nur zuhören und der andere ist mit Begeisterung bei einer Körperübung dabei. Wer es albern findet, Blätter zu sammeln und auf einen Waldweg zu legen, soll die Möglichkeit zum Zuschauen haben oder vielleicht seine Gedanken auf dem nächsten Wegstück mit einem Mitwanderer auszutauschen und vielleicht sogar bei der nächsten Station wieder ganz bei der Gruppe zu sein. Wenn es aber nicht gelingt, dann ist es gut so, wie es ist. Jedes Spiel, jeder Text, jede Körperübung, jeder Kontakt mit anderen Körpern und Menschen muss freiwillig geschehen können, ist ein Angebot.

Körperübungen

Wo in unseren Vorschlägen das Wort »Körperübung« auftaucht, ist das nicht so gemeint, dass man diesen Vorschlag nur oft genug wiederholen, also üben müsste, um »es« so zu »können« wie andere aus der Gruppe. Dort, wo »Körperübung« steht, kann man etwas ausprobieren. Es geschieht immer mit der Gruppe und im eigenen Empfinden vielleicht auch »vor« der Gruppe. Wenn sich bei diesen Körperübungen jemand schwer tut oder nicht mitmachen möchte, sind Aufmunterungen meist wenig hilfreich. »Du schaffst das!« manifestiert eher die Überzeugung, »eigentlich kann ich es nicht«. Es kann auf unseren spirituellen Wanderungen auch gar nicht um »können« oder »nicht können« gehen. Es geht darum, etwas zu erfahren, etwas zu ergehen: Wir haben gemeinsam beschlossen, einen Weg zu gehen. Wir gehen den Weg. Dabei ergeht es uns verschieden. Auf die Frage »Wie geht's?« kann jemand antworten »gut« oder »nicht so gut«. Aber erst die Konkretion »Was geht gut?« oder »Was geht nicht so gut?« bringt uns dann vielleicht wirklich in ein Gespräch.

Wir weisen in den Vorbemerkungen zu einzelnen Wanderungen und Wegstationen noch einmal explizit darauf hin, wo wir es für besonders wichtig halten, den Freiraum offen zu lassen, sich auf sein Gefühl zu verlassen und einen Vorschlag an einer Wanderstation mitzumachen oder besser sein zu lassen. Überredungsversuche haben auf unseren spirituellen Wanderungen keinen Platz!

Gehen ist Seelsorge und Trost

Herz-Kreislauf-Training ist das Gehen, unterstützt Gewichtsregulierung, belastet Gelenke weniger als Joggen und stärkt die Muskulatur. Walking heißt das Gehen als Trendsport, Nordic Walking oder Power Walking. Medizinische Studien werden gemacht, »Walking Institute« gegründet, Schlankheitsprogramme verkauft, spezielle Schuhe entwickelt, die ganze Sport-Medizin-Fitness-Branche ist angetreten, um unsere ureigenste menschliche Fortbewegungsart, den aufrechten Gang, zu vermarkten. Krankenkassen unterstützen den Trend mit Heftchen und Broschüren. Dass sich unsere Fortbewegung auf zwei Beinen gesundheitsfördernd auswirkt, wissen wir spätestens seit der Trimm-Dich-Bewegung der 70er Jahre des letzten Jahrhunderts. Jetzt kippt diese Erkenntnis zum Walking-Kult. Pulsfrequenz wird gemessen, Listen werden geführt, Accessoires und Walkingmode entstehen. So ein Trend geht immer einher mit der unausgesprochenen Behauptung: »So wie es bisher war, so geht es jetzt nicht mehr!«

Beim Gehen ist eine solche Behauptung allerdings der Lächerlichkeit preisgegeben. Gehen geht immer – vorausgesetzt, es geht überhaupt.

Wir wollen dem ganzen Kult ums Gehen das ganz normale Gehen entgegenhalten. »Geht einfach los!« Die Faszination des Gehens liegt nämlich nicht in seinem derzeitigen Kultstatus, sondern in der Gleichförmigkeit und Sicherheit, mit der wir uns auf unseren zwei Beinen fortbewegen können. Gehen ist jenseits aller erlernbaren Walk-Technik so eng wie kaum eine andere Bewegungsmöglichkeit an unseren Körper angepasst. Sogar ein Reflexsystem ist mit unserem aufrechten Gang verbunden und kann ein Stolpern noch vor einem Sturz ausgleichen. Unser Gang ist so vielfältig mit anderen Körperfunktionen verbunden, dass man ohne Übertreibung sagen kann, dass Gehen den ganzen Menschen in Bewegung bringt: Mit Sehen und Hören orientieren wir uns im Raum und geben unserem Gehen eine Ausrichtung. Mit dem Gleichgewichtsorgan im Ohr kommt unser aufrechter Gang überhaupt erst zustande. Schultern, Oberkörper und Arme gleichen die dauernden Gewichtsverlagerungen beim Gehen aus, die Krümmung der Wirbelsäule und die Bandscheiben dämpfen den Aufprall des ganzen Körpergewichts auf den Boden bei jedem Schritt ab, und die Beine und Füße sorgen schließlich für ein relativ sicheres Vorwärtskommen bei wechselndem Bodenkontakt.

Wenn jemand mit hängenden Schultern daherkommt, wissen wir, es geht diesem Menschen jetzt schlecht. Im Gehen, in unserer Fortbewegung drückt es sich noch deutlicher aus, wie es uns gerade geht, als beispielsweise im Gesichtsausdruck. Die Kontrolle unserer Gesichtszüge haben wir viel mehr trainiert als die Kontrolle unseres Gangs.

In unserer Seelsorge gehen wir immer wieder mit Menschen ein ganz konkretes Stück ihres Wegs. Und oft thematisieren wir dann, wie wir das Gehen gerade erleben. Ist es schnell und gehetzt oder niedergeschlagen, mit hängenden

Schultern, wechselt das Tempo oder ist es gleichmäßig? Meistens erleben wir in solchen Situationen, dass sich plötzlich etwas am Gehen verändert und dann auch das Gesprächsthema wechselt. Der Fortgang des Gesprächs, der Gesprächsverlauf folgt dem Gang oder Lauf. Wo wir von Leib und Seele reden, stellen wir beim Gehen[11] fest, dass wir uns zuerst mit unserem Leib und seinen Bewegungen ausdrücken. Wir beschreiben Trauer oder Glück als eine große Bewegung der Seele und müssen heute wieder neu lernen: Trauer oder Glück sind Bewegungen unseres Körpers, die diese Empfindungen nicht nur ausdrücken, sondern hervorbringen und verstärken. Körperübungen in einem therapeutischen Rahmen können so intensiv wirken, dass ganz reale Gefühle und Empfindungen entstehen.

Für unsere Wanderungen reicht uns der Gedanke und die Möglichkeit, dass uns der Weg, die Stationen, die Übungen und die Gemeinschaft auf dem Weg einfach gut tun. Spirituelle Wanderungen sind tröstliche Wanderungen. Denn Trost kommt von Trauen und wir trauen dem gemeinsamen Gehen, den spirituellen Übungen und Texten unserer Tradition zu, dass sie uns nachhaltig Halt geben.

11 Das gilt für die gesamte Körpersprache. Vgl. dazu Sammy Molcho, Körpersprache, München 1983 und Körpersprache als Dialog. Ganzheitliche Kommunikation in Beruf und Alltag, München 1988

Quellennachweis

Bibeltexte: Lutherbibel, revidierter Text 1984, durchgesehene Ausgabe in neuer Rechtschreibung, © 1999 Deutsche Bibelgesellschaft, Stuttgart

S. 28f. Hermann Hesse, Auszug aus: »Bäume«, aus: ders., Sämtliche Werke. © Suhrkamp Verlag Ffm.

S. 34 Alexander Solschenizyn, Quelle unbekannt

S. 36 Jörg Zink, aus: ders., Mehr als drei Wünsche, Kreuz Verlag, Stuttgart 1984

S. 42f. Geschichte über Franz von Assisi, Quelle unbekannt

S. 51 Katja Süß, aus: Gesegneter Weg. Segenstexte und Segensgesten, hrsg. von Martin Schmeisser, © Verlag am Eschbach, Eschbach/ Markgräflerland 2000, S. 79

S. 72 Gerhard Engelsberger, aus: ders., Gebete für den Gottesdienst, Kreuz Verlag, Stuttgart 2002

S. 90 Katja Süß, aus: Gesegneter Weg, S. 121

S. 100f. Gebetstext aus Südafrika, Quelle unbekannt

S. 108f. Gerhard Engelsberger, a.a.O.

S. 128: Jochen Klepper, »Weihnachtslied«, Vers 4, aus: ders., Ziel der Zeit – Die gesammelten Gedichte, Luther-Verlag, Bielefeld 2001

S. 129 Kurt Rommel, aus: ders., Gesegnet sei dein Tag, S. © Kiefel/Gütersloher Verlagshaus GmbH Gütersloh

S. 136: Peter Härtling, aus: ders., Herzwand. Mein Roman. © Kiepenheuer & Witsch, Köln 1990

S. 143f. Benedikt Werner Traut, Dein Himmel ist in dir, Gundelfingen/ Breisgau 1995

S. 149 Antje Sabine Naegeli, »Das Leben wagen«, aus: dies., Die Nacht ist voller Sterne. Gebet in dunklen Stunden. © Verlag Herder, Freiburg 17. Auflage 2003

S. 162f. »Fußspuren im Sand« aus: Evangelisches Gesangbuch, Ausgabe Bayern/Thüringen, S. 667. Quelle unbekannt

S. 163 Antje Sabine Naegeli, aus: Gesegneter Weg, S. 115

S. 165 Anthony de Mello, aus: ders., Warum der Schäfer jedes Wetter liebt. Weisheitsgeschichten, © Verlag Herder, Freiburg 17. Auflage 2002

S. 169 »Du hast uns, Herr, gerufen ...«, © Christophorus-Verlag, Freiburg

Literatur

Berger, Klaus, Kann man auch ohne Kirche glauben?, Gütersloh 2000

J. Bölts, W. Belschner, G. Zhang, Dao Yin Yang Sheng Gong, Qi-Übungen zur Pflege des Lebens, Oldenburg 1996

de Mello, Anthony, Warum der Schäfer jedes Wetter liebt (Herder Spektrum 4523)

de Saint-Exupéry, Antoine, Der Kleine Prinz , Düsseldorf 1998

Dittmar, Scholz, Scholz, Neue Wege gehen, Erlebnisorientierung in der Kur- und Touristenseelsorge, Pastoraltheologie 90, S. 33

Dittmar, Scholz, Scholz, Kirche unter freiem Himmel, in: e&l erleben und lernen 3+4/2001

Engelsberger, Gerhard, Gebete für den Gottesdienst, Stuttgart 2002

Härtling, Peter, Herzwand - Mein Roman, Frankfurt Main 1990

Jungclaussen, Emmanuel, Das Geheimnis des Herzensgebetes, in: Ulrich Willers (Hg.) Beten: Sprache des Glaubens – Seele des Gottesdienstes, Tübingen 2002

Klessmann, Michael (Hg.), Handbuch der Krankenhausseelsorge, Göttingen 1996

Koopmann, Helmut, Die Macht der Metaphern, in: Cornelia Schödlbauer (u.a.) Metaphern – Schnellstraßen, Saumpfade und Sackgassen des Lernens, Augsburg 1999

Luther, Henning, Religion und Alltag: Bausteine zu einer praktischen Theologie des Subjekts, Stuttgart 1992

Molcho, Sammy, Körpersprache, München 1983 und Körpersprache als Dialog, ganzheitliche Kommunikation in Beruf und Alltag, München 1988

Naegeli, Sabine, Das Leben wagen, in: Die Nacht ist voller Sterne, Freiburg 2001

Schmeißer, Martin (Hrsg.), Gesegneter Weg, Eschbach 2000

Scholz, Christian, Gebet mit den Füßen, Literatur zu den Jakobs-Pilgerwegen nach Santiago de Compostella, Wandermagazin 4/99

Scholz, Dittmar, ... und kletterte auf einen Feigenbaum, Überlegungen zu Erfahrungen mit Psychomotorik in kirchlichen Arbeitsfeldern, in: Motorik 2 (2001)

Schroer, Silvia, Thomas Staubli, Die Körpersymbolik der Bibel, Darmstadt 1998

Solschenizyn, Alexander, Der Ulmenstamm, in: Ursula Klauke/Norbert Brockmann, Angedacht, Mainz 1997, S.86

Süß, Katja, in: Schmeißer, Martin (Hrsg.), Gesegneter Weg – Segenstexte und Segensgesten, Eschbach 1997

Traut, Benedikt Werner, in: Dein Himmel ist in Dir, Gundelfingen/Breisgau 1995
Wessinghage, Thomas, Laufen - Der Ratgeber ..., München 1996
Wiedemann, Wolfgang, Entspannung für Einsteiger. Seelische, körperliche und spirituelle Wege, Göttingen 1997
Wiedemann, Wolfgang, in: Krankenhausseelsorge und verrückte Reaktionen – das Heilsame an psychotischer Konfliktbewältigung, Göttingen 1996
Winter, Eckhart, Ich sehe die Menschen wie Bäume, München 1999

Bibliografische Information Der Deutschen Bibliothek
Die Deutsche Bibliothek verzeichnet diese Publikation in der Deutschen Nationalbibliografie; detaillierte bibliografische Daten sind im Internet über http://dnb.ddb.de abrufbar.

1 2 3 4 5 07 06 05 04 03

Ein Unternehmen der Verlagsgruppe Dornier
Postfach 80 06 69, 70506 Stuttgart, Tel. 0711-78 80 30
Sie erreichen uns rund um die Uhr unter www.kreuzverlag.de
Umschlaggestaltung: Atelier Reichert, Stuttgart
Umschlagfoto: Oswald Eckstein
Satz: Rund ums Buch – Rudi Kern, Kirchheim/Teck
Druck und Bindung: GGP Media, Pößneck
Die Schreibweise entspricht den Regeln der neuen Rechtschreibung.
ISBN 3 7831 2235 X